BEI GRIN MACHT SICH IHR WISSEN BEZAHLT

Theodor Fontane

Von Zwanzig bis Dreißig - 2. Teil

Fritz, Fritz, die Brücke kommt - Der achtzehnte März - In Bethanien - Im Hafen

GRIN Verlag

Bibliografische Information der Deutschen Nationalbibliothek:

Die Deutsche Bibliothek verzeichnet diese Publikation in der Deutschen National-
bibliografie; detaillierte bibliografische Daten sind im Internet über http://dnb.d-
nb.de/ abrufbar.

Impressum:

Copyright © 2009 GRIN Verlag GmbH
Druck und Bindung: Books on Demand GmbH, Norderstedt Germany
ISBN: 978-3-640-25664-8

Dieses Buch bei GRIN:

http://www.grin.com/de/e-book/121703/von-zwanzig-bis-dreissig-2-teil

GRIN - Your knowledge has value

Der GRIN Verlag publiziert seit 1998 wissenschaftliche Arbeiten von Studenten, Hochschullehrern und anderen Akademikern als eBook und gedrucktes Buch. Die Verlagswebsite www.grin.com ist die ideale Plattform zur Veröffentlichung von Hausarbeiten, Abschlussarbeiten, wissenschaftlichen Aufsätzen, Dissertationen und Fachbüchern.

Besuchen Sie uns im Internet:

http://www.grin.com/

http://www.facebook.com/grincom

http://www.twitter.com/grin_com

Theodor Fontane

Von Zwanzig bis Dreißig

Autobiographischer Roman

[1908]

Inhalt

Fritz, Fritz, die Brücke kommt

Erstes Kapitel - Verlobung. Der alte Rouanet

Der Tunnel, von dem ich in dem voraufgehenden Abschnitt ausführlich erzählt habe, hat mich, wenn auch viel persönlich Erlebtes mit hineinspielte, von mir selber weit weggeführt, und es wird Zeit sein, in mein richtiges Geleise zurückzukehren.

Ostern 1845, nach Abschluß meines Militärjahres bei den »Franzern«, sah ich mich meinem eigentlichen Berufe wiedergegeben. Aber das Wie und Wo machte mir einigermaßen Sorge, denn der Rahm von der Milch war abgeschöpft, indem ich bis dahin immer nur Stellungen innegehabt hatte, die für die besten in Deutschland galten. Ich konnte mich also mutmaßlich nur verschlechtern und ließ denn auch ein volles Vierteljahr vergehn, eh ich mich wieder band. Erst zu Johanni trat ich in die »Polnische Apotheke«, Friedrichsstraße, ganz in Nähe der Linden, ein, wobei mich mein guter Stern, wie gleich vorweg bemerkt sein mag, auch wieder glücklich führte. Was Wohnung und dergleichen anging, so stand alles dies hinter Leipzig und Dresden, wiewohl wir auch da nicht in diesem Punkte verwöhnt worden waren, um ein gut Teil zurück; es wurde das aber durch die sogenannte »Prinzipalität« wieder ausgeglichen. Medizinalrat Schacht und Frau waren, *er* durch Charakter, *sie* durch Liebenswürdigkeit und französischen Esprit — sie entstammte einer magdeburgischen Refugiéfamilie – ausgezeichnet. Meine Kollegen im Geschäft präsentierten sich wie gewöhnlich sehr durchschnittsmäßig, ohne jeden interessanten oder auch nur komisch aparten Zug, mit Ausnahme des eigentlichen Geschäftsführers, eines schon älteren Herrn, der die für einen Apotheker verhängnisvolle Eigenschaft hatte, von heftigen Brustkrämpfen befallen zu werden, wenn auch nur das leiseste Stäubchen von Ipecacuanha in der Luft war. Und was ist eine Apotheke ohne Ipecacuanha! Die Folge davon war, daß man – übrigens lange vor meinem Eintritt in das Geschäft – in einem lichtlosen, wie eine Grabkammer wirkenden Verschlag eine Nebenapotheke etabliert hatte, drin wir andern, die wir gegen Ipecacuanha gefeit waren, das für unsern Kollegen so verhängnisvolle Mittel dispensieren mußten. Der dadurch herbeigeführte beständige Exodus aus der eigentlichen Apotheke in die Grabkammer hinein und dann wieder zurück war natürlich eine große Belästigung für uns und führte zu Spöttereien, Auflehnungen und Anschuldigungen. Es sei, so hieß es unter uns, ja alles bloß Komödie; dieser lederne Mensch (der er übrigens wirklich war) habe sich nur herausgeklügelt, daß man ohne einen kleinen Sonderzug eigentlich gar nicht bestehen könne; wenn er aber, was wohl möglich, zu beschränkt sein sollte, solchen Gedanken in sich aufzubringen, so sei doch *das* ganz sicher, daß er die Sache rein als Machtfrage behandle und sein Ansehn und seine Geschäftsunentbehrlichkeit nach der Kondeszendenz bemesse, womit man sich diese seine Schrulle gefallen lasse. Wir hatten indes wohl unrecht mit unsrem Verdacht, denn jedesmal, wenn wir ihn bemogelten und hinter seinem Rücken auch nur eine kleinste Dosis von

Ipecacuanha mit Zuckerpulver zusammenrührten, so war der Anfall da. Das bekehrte *mich* denn auch. Andere dagegen blieben unbekehrbar und versicherten nach wie vor: er habe bloß gut aufgepaßt und unsere Mogelei bemerkt und sofort mit einer Gegenkomödie darauf geantwortet.

Unter den Kollegen war also nicht recht was. Desto glücklicher traf ich es, wie gewöhnlich, mit den Lehrlingen, die meist Söhne wohlhabender, oft sehr angesehener Leute waren. Aus allen ist denn auch ausnahmelos etwas Tüchtiges geworden, aus keinem aber mehr als aus dem, den ich als zweiten Lehrling in der Schachtschen Apotheke vorfand. Es war dies *Friedrich Witte* (gest. 1893), bis zu seinem Tode Mitglied des Reichstags für den zweiten meiningenschen Wahlkreis, den vor ihm Lasker vertreten hatte. Zoll-und Steuerfragen waren Wittes Spezialität. Sein Rostocker Geschäft: eine Fabrik moderner chemischer Präparate, wie Tein, Koffein, Pepton, Pepsin etc., hat er, unter Beistand ausgezeichneter Kräfte, die er heranzuziehn oder heranzubilden verstand, zu einem Weltgeschäft erhoben. Er verheiratete sich, zehn Jahr nach der hier geschilderten Zeit, mit der, wie die Mutter, durch Witz und Originalität ausgezeichneten ältesten Tochter des Hauses, und diesem Paare bin ich durch ein langes Leben hin in herzlichster Freundschaft verbunden geblieben. In unseren Kindern lebt diese Freundschaft fort.

Zu Johanni war ich in die Schachtsche Apotheke eingetreten.

Nun war achter Dezember, an welchem Tage mein *Onkel August* – der, fast als ob wir zusammengehört hätten, seit etwa Jahresfrist auch wieder von Leipzig nach Berlin hin übersiedelt war – seinen Geburtstag hatte. Während der ersten Nachmittagsstunden erhielt ich, in Dreiecksform, einen in ungemein zierlichen, aber etwas schulmäßigen Buchstaben geschriebenen Brief, der dahin lautete: »Lieber Freund. Ich war eben zur Gratulation bei Ihrem Onkel und erfuhr zu meinem Bedauern, daß Sie durch Ihren Dienst verhindert sind, die heutige Geburtstagsfeier mitzumachen. Ich meinerseits werde da sein, bin aber in einiger Verlegenheit wegen des Nachhausekommens. Ich denke, Ihr Bruder soll mich um 10 bis an Ihre Apotheke begleiten, von wo aus Sie wohl den Rest des Weges übernehmen. Ihre Emilie Kummer.«

Und so kam es. Gleich nach 10 Uhr, von wo ab ich frei war, war das Fräulein da. Der noch zurückzulegende Weg war nicht sehr weit, aber auch nicht sehr nah: die ganze Friedrichsstraße hinunter bis ans Oranienburger Tor und dann rechts in die spitzwinklig einmündende Oranienburger Straße hinein, wo die junge Dame in einem ziemlich hübschen, dem großen Posthof gegenübergelegenen Hause wohnte. Da wir beide plauderhaft und etwas übermütig waren, so war an Verlegenheit nicht zu denken, und diese Verlegenheit kam auch kaum, als sich mir im Laufe des Gespräches mit einem Male die Betrachtung aufdrängte: »Ja, nun ist es wohl eigentlich das beste, dich zu verloben.« Es war wenige Schritte vor der

Weidendammer Brücke, daß mir dieser glücklichste Gedanke meines Lebens kam, und als ich die Brücke wieder um ebensoviele Schritte hinter mir hatte, war ich denn auch verlobt. Mir persönlich stand dies fest. Weil sich aber die dabei gesprochenen Worte von manchen früher gesprochenen nicht sehr wesentlich unterschieden, so nahm ich plötzlich, von einer kleinen Angst erfaßt, zum Abschiede noch einmal die Hand des Fräuleins und sagte ihr mit einer mir sonst fremden Herzlichkeit: »Wir sind aber nun *wirklich* verlobt.«

Ja, wir waren also nun wirklich verlobt und waren es – fünf Jahre. Von dieser unserer Wartezeit indessen mag ich hier nicht erzählen oder doch nur ganz wenig und will statt dessen lieber von der Zeit sprechen, wo wir uns kennenlernten.

Das lag nun schon eine gute Weile zurück.

Sie mochte damals zehn Jahre zählen (ich fünfzehn) und war »Nachbarskind« von mir in einem in der Großen Hamburger Straße gelegenen Doppelhause, dicht neben dem alten Judenkirchhof. In dem einen Hause, Parterre, wohnte damals mein Onkel August, bei dem ich, wie schon in einem früheren Kapitel erzählt, meine Schulzeit über in Pension war, während das zehnjährige Kind, das meine Braut werden sollte, drei Treppen hoch in dem Nachbarhause residierte. Sie war die Adoptivtochter eines noch weiterhin zu charakterisierenden älteren Herrn aus dem Sächsischen, der von den Mitbewohnern, lauter kleinen Leuten, der »Herr Rat Kummer« genannt wurde. Nach ihm hieß sie denn auch Emilie Kummer. Ihr eigentlicher Name aber, den sie erst, früh verwaist, bei Gelegenheit ihrer im vierten oder fünften Jahre stattgehabten Adoption abgelegt hatte, war Rouanet.

Als sie geboren wurde, lebte noch in hohem Alter der Großvater Rouanet, durch den die Familie dieses Namens in unserem Lande seßhaft geworden war. Von diesem alten Herrn möchte ich hier zunächst erzählen. Er stammte nicht aus einer Refugiéfamilie, sondern hatte Südfrankreich sehr viel später, erst in den sechziger Jahren des vorigen Jahrhunderts, verlassen. In Konflikte mit seiner in Toulouse sehr angesehenen Familie geraten, war er um die genannte Zeit als Flüchtling nach der Schweiz (Neufchâtel) gegangen und daselbst preußischen Werbern in die Hände gefallen. Nach Potsdam gebracht, sah er sich hier – denn er war sechs Fuß groß – in das Bataillon Garde eingereiht und gehörte bald zu den vielen, die nicht Ursache hatten, mit solcher Fügung ihres Schicksals sonderlich unzufrieden zu sein. Die Stattlichkeit seiner Erscheinung, seine feine Bildung – er hatte protestantische Theologie studiert, woraus auch seine Konflikte mit der Familie herrührten – und nicht zum wenigsten das ausgezeichnete Französisch, das er sprach, machten den König ihm zugeneigt, und Anfang der achtziger Jahre, bald nach dem bayerischen Erbfolgekriege, gab ihm der Alte Fritz von Sanssouci aus einen besonderen Beweis seiner Gunst. In der Stadt Beeskow war der Stadtkämmerer gestorben, und es galt, diese Stelle neu zu besetzen. Friedrich der Große behändigte seinem Günstling

Etienne Rouanet ein eigenhändiges Schreiben, das dieser dem Beeskower Magistrat vorzulegen hatte. Das Schreiben lautete: »Der Beeskower Magistrat ist hierdurch angewiesen, den pp. Rouanet als Stadtkämmerer anzustellen und ihm ein Gehalt von jährlich 1000 Taler zu zahlen.« Das war für jene Zeit eine große Summe. Sich Weisungen der Art zu widersetzen, entsprach nicht den damaligen Gepflogenheiten, und Rouanet ward also Kämmerer. Das ist er denn auch an die fünfzig Jahr gewesen. Anfänglich war man in einer gewissen versteckten Opposition gegen ihn, als dann aber die »Franzosenzeit« kam, sah er sich in der Lage, dem ganzen Landesteile Beeskow-Storkow so große Dienste leisten zu können, daß er ein Gegenstand der Verehrung und Liebe wurde, worauf er, seinem ganzen Charakter nach, ohnehin allen Anspruch hatte. Er war hochherzig, hatte sich die schönen, leider so oft zur Karikatur verzerrten Grundsätze der Aufklärungszeit zu eigen gemacht und handelte danach, oft in sehr schweren Lagen. Als er ungefähr achtzig war, trat er mit vollem Gehalt in den Ruhestand, was der Stadt Beeskow die Pflicht auferlegte, zwei Kämmerergehalte bezahlen zu müssen. Indessen getröstete man sich, daß es bei seinem hohen Alter nicht lange dauern würde. Darin aber ging man einer Enttäuschung entgegen; der alte Rouanet brachte es bis auf zweiundneunzig, was denn doch die Geduld der Beeskower auf eine harte Probe stellte. Sie rächten sich denn auch durch kleine Malicen. Rouanet, so hieß es, sei eigentlich längst tot; die Angehörigen aber besäßen ein gutes Porträt von ihm, Brustbild, das sie, wenn's dunkel würde, jedesmal ins Fenster stellten, um bei den Vorübergehenden den Glauben wach zu halten, der Alte lebe noch. Etwa 1830 starb er dann aber wirklich. Ob seine Enkelin einige Züge von ihm geerbt, vermag ich nicht festzustellen. Indessen, wenn nichts direkt Persönliches, so war doch jedenfalls etwas Südfranzösisches auf sie übergegangen, und als ich 1835 das damals ziemlich verwilderte Kind im Hause meines Onkels August, eines Freundes und Jeu-Genossen des »Rates Kummer«, kennenlernte, schien es nicht bloß ein französisches Kind aus dem Languedoc zu sein, sondern mehr noch ein Ciocciaren-Kind aus den Abruzzen.

Zweites Kapitel - »Rat Kummer«. Des alten Rouanet Enkelin

Dies Abruzzenhafte des Kindes lag nun freilich nicht bloß an seiner südlichen Abstammung, sondern zu gutem Teil an den wunderlichen Verhältnissen, in denen »Rat Kummer« lebte, beziehentlich während der letzten drei, vier Jahre gelebt hatte. Weiter zurück, als er das Kind adoptierte, war er mit einer russischen Dame verheiratet, einer sehr gütigen und doch zugleich charaktervollen Frau, bei der die Kleine vorzügliche Tage hatte; bald aber starb die Frau, und an die Spitze des Haushaltes trat ein Berliner Dienstmädchen. Was solch Dienstmädchenhaushalt sagen will, davon kann man sich in dem gegenwärtigen Berlin kaum noch eine Vorstellung machen. Es wird auch heute noch über Dienstmädchen geklagt, aber darüber ist doch wohl kein Zweifel, daß es jetzt viele Tausende gibt, bei denen die Kinder nicht schlechter aufgehoben sind als bei den Eltern, oft viel besser. Ein starker, höchst erfreulicher Grundstock von Anstand, Bildung, Ehrlichkeit, ja von feinstem Ehrgefühl ist jetzt reichlich zu finden, während es damals, wenigstens in kleinen Familien, nur die sogenannten »Trampel« gab. Diese Wandlung hängt mit mancherlei zusammen, nicht bloß mit dem allgemeinen großen Bildungsfortschritt, sondern viel viel mehr noch mit dem Umstande, daß sich die gegenwärtig dienende Klasse von weither rekrutiert. Früher war es nur lokal berlinisches oder aber aus dem zehnmeiligen Umkreise genommenes märkisches Landesgewächs, während jetzt der starke Zuzug aus Pommern, Mecklenburg, Sachsen und Schlesien für eine wesentliche Verbesserung gesorgt hat. Nicht die Bildung und Gesittung der aus diesen Provinzen Einwandernden ist größer, aber die *Rasse* ist im ganzen genommen um ein Erhebliches feiner. Am frappantesten zeigt sich dies an der ganzen baltischen Küstenbevölkerung. Was das Rat Kummersche Haus damals beherbergte, stand auf einer allerniedrigsten Stufe. Der Rat selber war von Mittag an ausgeflogen. Erschien dann der soldatische Liebhaber, so wurde das arme, dem Dienstmädchen anvertraute Kind an einen Bettpfosten gebunden, und als sich dies auf die Dauer als untunlich herausstellte, sah sich die Kleine mit in die Kaserne genommen, wo sie nun auf dem großen, quadratisch von Hinter- und Seitenflügeln umstellten Hofe herumstand, bis das Liebespaar wieder erschien und den Rückweg antrat. Es prägten sich die während dieses Umherstehens und Wartens empfangenen Bilder dem Kinde so tief ein, daß es sich, als es viele Jahre später am Nervenfieber darniederlag, in seinen Phantasien immer wieder auf dem furchtbaren Kasernenhofe sah, aus dessen hundert Fenstern ebenso viele Grenadiere herniedergrinsten.

Bei solcher Hauspflege konnte nicht viel Feines herauskommen, und als ich die Kleine zum erstenmal sah, trug sie heruntergeklappte nasse Stiefel, einen kleinen Mantel von rotem Merino mit schwarzen Käfern drin und einen sonderbaren, nach hinten sitzenden Strohhut, der ihr bei den Straßenjungen den Beinamen »das Mächen mit de Eierkiepe« eingetragen hatte. Das alles war aber in meinen Augen viel mehr frappant als störend, und ich möchte beinah sagen, daß ich mich auf der Stelle in das sonderbare Kind verliebte. Das Gesicht, ein blasses Dreieck mit vorspringender Stirn und Stubsnase, war nahezu häßlich, aber die zurückliegenden, etwas unheimlichen Augen glühten wie Kohlen und machten, daß man das Kind bemerken mußte.

Es war ein sehr glückliches und ein sehr unglückliches Kind. Der alte »Rat«, ein so sonderbarer Heiliger er war, war in vielen Stücken von außerordentlicher Güte gegen die Tochter, und während er sie zu Hause vernachlässigte, schickte er sie doch in eine ganz feine Schule, wo nur reiche Bourgeoiskinder und adlige Fräuleins vom Lande, die sich bei der Inhaberin der Schule zugleich in Pension befanden, anzutreffen waren. Zwischen diesen saß sie dann wie Aschenputtel. Unter Ungütigkeit hatte sie jedoch nie zu leiden, im Gegenteil, es war eine Art Komment, sich ihrer anzunehmen. Sie fühlte den Unterschied dieser beglückten Existenzen und ihres eigenen Lebens und hatte das brennende Verlangen, auch einmal in einem guten Hause zu sein. Und siehe, dies Ersehnte schien sich ihr auch verwirklichen zu sollen; eine reiche Holzhändlerstochter, deren Gunst oder Teilnahme sie sich zu gewinnen gewußt hatte, lud sie zu ihrem Geburtstage ein, und der Eingeladenen Herz schwoll nun in unendlichem Glück. Aber leider traf es sich so, daß das schon an der ersehnten Glückspforte stehende Kind gerad am Tage vorher auf dem zur Schule führenden Wege wie wahnsinnig umherjagte und bei der Gelegenheit, sei's aus Versehen, sei's aus Übermut, eine sehr sauber gekleidete Mitschülerin in eine Baugrube stieß, eine Szene, die seitens der holzhändlerischen Geburtstagsmutter von ihrem Blumenfenster aus beobachtet worden war. »Ich bitte mir aus, daß du dies furchtbare Balg nicht etwa mit in deine Geburtstagsgesellschaft bringst.« Und die Tochter mußte die Zurücknahme der Einladung am andern Morgen ausrichten. Meine Frau hat mir oft erzählt, dies sei die größte Kränkung ihres Lebens gewesen; so arm, so elend, so ausgestoßen sei sie sich nie wieder vorgekommen. Dies war also der schlimmste Fall. Aber ähnliches, wie das hier Erzählte, kam doch nicht selten vor, und deshalb fühlte sich das arme, früh elternlose Kind oft recht unglücklich. Trotzdem indessen war sie mit Hülfe großer Elastizität und noch größerer Phantasie doch auch wieder glücklich, ja vorwiegend glücklich, und wartete, wenn der Sturm vorüber, heiter und mit einer Art Sicherheit auf ihren Prinzen. Auf Abschlag nahm sie mich.

Ich sagte, daß ich mich, als ich das von allem Herkömmlichen so stark abweichende schwarzäugige Kind sah, eigentlich gleich in sie verliebt hätte. Vielleicht hätte sie dies Gefühl auch erwidert, wenn nicht, und zwar als Mitpensionär in meines Onkels Hause, mein Freund Hermann Scherz (von dem ich in einem früheren Abschnitte – »Bei Kaiser Franz« – bereits erzählt habe) gewesen wäre. Der war mir um ein Jahr voraus, hatte schon einen kleinen schwarzen Schnurrbartansatz und spielte sich überhaupt auf den Petit-maître aus. Vor allem benahm er sich artiger und verbindlicher als ich. Denn wenn ich mich auch für das Kind ganz entschieden lebhaft interessierte, so blieb es doch immerhin ein Kind, noch dazu ein sehr sonderbares, und ein bißchen Konventionalismus steckte mir, neben einem gleichzeitigen ganz entgegengesetzten Herzenszuge, wohl auch schon damals im Geblüt. Mein Freund Scherz dagegen, um es zu wiederholen, war ganz Kavalier, immer gehorsam und zugleich immer geneigt, auf die Tollheiten und Wünsche des Kindes und einer gelegentlich zu Besuch kommenden Spielgenossin einzugehen. Zu diesen Tollheiten gehörte, daß er mit den beiden Mädchen »Schlitten fahren« mußte, wenn man die ganze, ziemlich groteske Prozedur so nennen konnte. Denn das Schlittenfahren, um das sich's handelte, war etwas sehr Primitives. Zugleich echt berlinisch. Mit Hülfe der damaligen Rinnsteingossen, drin alle Schrecknisse des Haushalts umgestülpt zu werden pflegten, kam es nämlich in Wintertagen vor, daß die ganze Straße das Ansehn einer großen, allerdings wunderlich ornamentierten

Schlitterbahn annahm, und diese kühn auszunutzen, alle »Hindernisse zu nehmen«, darauf kam es an. Das hieß dann »Schlittenfahren«, und Freund Scherz war dabei nie säumig. An die Hinterzipfel seines Schlafrockes hingen sich die beiden Mädchen zunächst an, und nachdem sie sich niedergehuckt hatten, setzte sich mein Rival als Schlittenpferd in Gang und jagte mit beiden die ganze Hamburger Straße hinunter und wieder hinauf. Ich wurde dann verhöhnt. »O, der hält sich für zu gut, der spielt den Vornehmen. Was er sich nur einbildet.« So ging es weiter, und ich stand neben meinem Nebenbuhler ganz entschieden zurück. Aber es kamen doch auch wieder Momente, wo mir der Sieg zufiel, und das hing mit des Kindes Hauptleidenschaft zusammen, mit seiner Theaterpassion.

Rat Kummer, der überhaupt ein Tausendkünstler war – er ist unter anderen auch der Erfinder der Reliefkarten und – globen und hat sich dadurch ein wirkliches, der Erdkunde zugute kommendes Verdienst erworben – hatte, gestützt auf alte Bekanntschaft mit dem Theaterintendanten Grafen Brühl, auch allerlei Bühnenbeziehungen, und diese machten es, daß das Kind früh ins Theater mitgenommen und unter das eigentümlich Berauschende, das die poetische Scheinwelt hat, gebracht wurde. Sie hatte viele Stücke gesehn, namentlich Schillersche; aber auch Shakespeare. Mal war sie wieder bei meinem Pensionsvater, Onkel August, zu Besuch, und als ich aus meiner Hinterstube nach vorn kam, wo sich zu besserer Unterhaltung des Kindes auch wieder die nebenan wohnende Spielgefährtin eingefunden hatte, geriet ich in eine große Theaterszene hinein. Meine kleine Freundin, ganz Feuer und Flamme, ließ sich durch mein Erscheinen nicht stören, und ich hörte sehr bald heraus, daß es sich um »Romeo und Julia« handelte. Das andere Kind, das keine Ahnung von dem Stück hatte, war bloß Puppe, bloß der beständig hin und her geschobene Gegenstand, dem die jedesmalige Schweigerolle zufiel, während die leidenschaftliche kleine Person, in einem fort die Partie wechselnd, alles sprach, was zu sprechen war und, dabei die Phiole leerend, jetzt als Romeo tot niedersank, um sich im nächsten Augenblicke schon wieder aufzurichten und als Julia mit der Stickschere in der Hand zu sterben. Die Szene hatte sich ihr bei der Aufführung im Theater tief eingeprägt, aber auch nur die Szene; was sie sprach, waren ihre eigenen Worte. Mein Freund Scherz konnte sich in der ganzen Sache nicht recht zurechtfinden, während ich die kleine Tragödin entzückt in die Höhe hob und an diesem Abende wenigstens durch meine, der Künstlerin dargebrachte Huldigung das Übergewicht über den Mitbewerber hatte.

Das Jahr danach kam ich von der Schule fort, sah die Kleine nur noch selten und verlor sie schließlich während meiner in Leipzig und Dresden zugebrachten Tage ganz aus dem Auge. So vergingen neun Jahr, und erst als ich Ostern 44, um mein Jahr abzudienen, nach Berlin zurückkam, knüpfte sich die Bekanntschaft wieder an. Die Kleine, mittlerweile neunzehn Jahr alt geworden, war total verändert. Nicht bloß das Abruzzentum war hin, auch die mildere Form: das Südfranzösische hatte sich beinah ganz verflüchtigt, und die tiefliegenden dunklen Augen, die mir, ohne schwarz zu sein, immer kohlschwarz erschienen waren, sahen jetzt in dem hierlandes üblichen Halbgrau hell und lachend in die Welt hinein. Alles in allem, beweglich und ausgelassen, vergnügungsbedürftig und zugleich arbeitsam, war sie der Typus einer jungen Berlinerin, wie man sie sich damals vorstellte. Sie hatte sich vergleichsweise sehr verhübscht, aber von ihrer Rassenhöhe war sie ziemlich herabgestiegen – wohl zu ihrem und meinem Glück. Wir nahmen den alten herzlichen Ton gleich wieder auf, und die Leute wußten bald, was daraus werden würde. Sie hatten sich auch nicht verrechnet, und anderthalb Jahr später, an jenem 8. Dezember, den ich eingangs geschildert, war ich verlobt oder, wie ich beim Abschiede mit einem gewissen ängstlichen Empressement gesagt hatte, »*wirklich* verlobt«.

Unsre beiderseitigen Anverwandten waren nicht allzu glücklich darüber; von der einen wie von der andern Seite war, auf unser leidliches Aussehn hin, eine sogenannte »gute Partie« nicht bloß gewünscht, sondern beinah gefordert worden. Und nun nichts davon! Ich kann aber zu meiner Freude berichten, daß, nach Überwindung eines ersten Schrecks, beide Parteien eine gleich musterhafte Haltung beobachteten. Ich stellte mich den nächsten beiden Anverwandten meiner Braut – Cousinen und, wie sie selbst, Enkelinnen des alten Rouanet – vor und begegnete dabei dem liebenswürdigsten Entgegenkommen. Eine der beiden Damen, »Kommandeuse«, war nach Mecklenburg (Ludwigslust) hin an einen wundervollen rotblonden Stabsoffizier verheiratet, allwo ich, pour combler le bonheur, neben allem übrigen Erbaulichen auch noch von einem vieljährigen Freunde des Hauses, einem alten Major *von Quitzow* begrüßt wurde. Dieser alte von Quitzow stammte recte von der berühmten alten Sippe her, die von dem »Nürnberger Tand« nichts hatte wissen wollen, und saß mir nun da mit einer Schlichtheit und guten Laune gegenüber, als ob *er* den ersten besten Alltagsnamen geführt oder *ich* die Montmorencys wenigstens gestreift hätte. Keine Spur von de haut en bas, alles Wohlwollen und Interesse. Dies Vorherrschen des Humanen in der ganzen Oberschicht unserer Gesellschaft ist oder *war* wenigstens – denn es ist seitdem leider anders geworden – die schönste Seite preußischen Lebens, noch ein herrliches Erbteil aus den »armen Zeiten« her, die sonst, soweit bloß die Armut mitspricht, der T ... holen mag.

Ich sah mich also gut empfangen, und ein ebenso liebevoller Empfang erwartete meine Braut bei meinen Eltern und Geschwistern. Ich habe schon an andrem Orte – »Meine Kinderjahre« – des ausführlichen erzählt, daß sich in den Augen meiner Mutter alles um Besitz drehte. Bei dieser Anschauung ist sie auch bis an ihr Lebensende geblieben, und ich muß jetzt, wenn auch widerstrebend, hinzusetzen: wohl mit Recht oder wenigstens nicht mit Unrecht. Aber ihre Hochherzigkeit und ihr scharfes Verständnis für alles Praktische des Lebens bewahrte sie vor einem Extrem, und so kam es, daß sie – so sehr sie sich über etwas äußerlich Glanzvolles gefreut haben würde – sofort umgestimmt wurde. »Du hast Glück gehabt,« sagte sie, »sie hat genau *die* Eigenschaften, die für dich passen.«

Mit diesem Worte hatte meine Mutter es wundervoll getroffen. Es kommt nicht darauf an, daß irgend etwas oder wohl gar alles auf einer Musterhöhe wandelt, es kommt auf das »Zueinanderpassen« an, und wenn man sich auf diesen Punkt hin nicht verrechnet, so wird man glücklich. Auch das ist richtig, daß das gegenseitige Sichhelfen eine große Rolle spielt. In dieser Beziehung ist mir immer die Geschichte vom »Swinegel un sine Fru« als Musterstück niederdeutscher Weisheit und Poesie erschienen. Mancher wird die Geschichte kennen, mancher *nicht*. Und so sei sie denn auf gut Glück hin hier erzählt. Ein Swinegel und ein Hase kamen in einen Streit, wer am besten laufen könne. Die Sache sollte auf einem gepflügten Ackerfeld, wo die Furchen nebeneinander laufen, ausgefochten werden, und der Hase hielt sich natürlich seines Sieges sicher. Swinegel aber bestimmte »sine Fru«, sich an der entgegengesetzten Seite der ihm zubestimmten Ackerfurche zu verstecken, und als der Hase drüben ankam, erhob sich Swinegels Fru bereits aus der benachbarten Ackerfurche und sagte ruhig: »Ick bin all hier.« »Noch mal«, sagte der Hase und jagte wieder zurück. Aber als er ankam, erhob sich der an seinem Platz verbliebene männliche Swinegel und sagte nun seinerseits: »Ick bin all hier.« Siebenmal jagte der Hase so wie ein Wahnsinniger die Furche auf und ab; da endlich war es um ihn geschehen, und er fiel tot um. Swinegel un sine Fru aber, von denen keines auch nur einen Schritt gelaufen war, hatten gesiegt und waren guter Dinge.

Darin ist das Musterstück einer guten Ehe vorgezeichnet, allerdings mit einem starken Beisatz von Pfiffigkeit und beinah Niederträchtigkeit. Und um dieses Beisatzes willen muß ich einräumen, daß »Swinegel un sine Fru« beträchtlich über mein Ideal hinausgehn. Aber dabei muß ich bleiben, ein anständiges Sichhelfen, mit guter Rollenverteilung, bedeutet viel in der Ehe, und »mine Fru« hat diese große Sache geleistet. Um nur zwei Dinge zu nennen: sie hat mir alle Bücher und alle Zeitungen vorgelesen und hat mir alle meine von Korrekturen und Einschiebseln starrenden Manuskripte abgeschrieben, also, meine dicken Kriegsbücher mit eingerechnet, gute vierzig Bände. Sie war vor allem auch eine Haushälterin von jener nicht genug zu preisenden Art, die Sparsamkeit mit Ordnungssinn und Helfefreudigkeit verbindet. Eine richtige Sparsamkeit vergißt nie, daß nicht immer gespart werden kann; wer *immer* sparen will, der ist verloren, auch moralisch.

Ich muß aber auf die Gefahr hin, mich in ein komisches Licht zu stellen, noch weiteres an meiner Ehehälfte loben, und zwar ihr Temperament, ihren ausgesprochen ästhetischen Sinn, ihre Naivität und nicht zum wenigsten ihre Unlogik.

11

Nur von dieser letzteren, weil »unlogisch sein« am Ende nichts Großes besagen will, will ich hier sprechen. Es schuf dies Unlogische, das bei phantasiereichen Frauen allerdings nichts als ein Überspringen von Mittelgliedern ist und in gewissem Sinne nicht eine niedrigere, sondern umgekehrt eine höhere Form der Unterhaltung darstellt, es schuf, sag' ich, dies Unlogische beständig Überraschungen und Erheiterungen, an denen, als wir alt geworden, auch unsere Kinder teilnahmen. Ich möchte diese Sprechweise gern charakterisieren und greife zu diesem Zweck ein kleines Vorkommnis heraus.

Wir hatten oben im schlesischen Gebirge, nahe von Kirche Wang, eine Sommerwohnung gemietet, und zwar auf der »Brotbaude« bei Herrn Schmidt, einem sehr vorzüglichen Manne mit einer noch vorzüglicheren Frau. Als wir oben ankamen, ich in leichtem Sommerpaletot, bemerkte ich, daß ich unten in Hirschberg einen zweiten, etwas dickeren Überzieher vergessen hatte; wahrscheinlich hing er noch an dem Ständer, an den ich ihn angehängt. »Ich fahre morgen wieder nach Hirschberg,« sagte Herr Schmidt, »und mein alter Friedrich auch« – Friedrich war der Kutscher –, »da kann ihn denn einer von uns mitbringen.« Und Herr Schmidt und Friedrich fuhren am andern Morgen auch wirklich ab, und wir sahen ihrer Rückkehr mit Spannung entgegen. Denn es war noch ein sehr guter Überzieher. Als die Sonne schon hinter den Bergen stand, machten wir uns auf, um den beiden Fuhrwerken, die jeden Augenblick eintreffen konnten, entgegenzugehn. Und keine tausend Schritt mehr, so sahen wir auch schon Friedrich mit dem ersten Wagen. Aber als er heran war, machte der alte Kutscher eine traurige Handbewegung, die ausdrücken sollte: ich hab' ihn nicht. »Er ist also weg«, sagte meine Frau. »Beruhige dich«, unterbrach ich sie. »Das war ja bloß Friedrich. Herr Schmidt kommt noch und wird ihn natürlich mitbringen.« Herr Schmidt kam denn auch, machte jedoch schon von fernher dieselbe Handbewegung wie sein Kutscher, was meine Frau sofort zu dem schmerzlichen Ausrufe veranlaßte: »So sind sie also *alle beide weg*.«

Aus einer langen Erfahrung weiß ich nur zu gut, wie gefährlich es ist, Anekdotisches, das sich im Leben ganz nett ausnahm, hinterher literarisch verwenden zu wollen. Und ist es nun gar Anekdotisches »in eigner Sache«, so wird die Gefahr noch größer. Trotzdem habe ich der Versuchung nicht widerstehen können und rechne auf die Zustimmung derer, die mit mir davon ausgehen, daß eine Menschenseele durch nichts besser geschildert wird als durch solche kleinen Züge. Schon das Sprichwort sagt: »An einem Strohhalme sieht man am deutlichsten, woher der Wind weht.«

Drittes Kapitel - Bei Professor Sonnenschein. Onkel August wieder in Berlin; seine letzten Jahre, sein Ausgang. Examen. In die Jungsche Apotheke

Dezember 45 hatte ich mich verlobt, und wenn man sich verlobt hat, will man natürlich auch heiraten. Dazu war aber noch zweierlei vonnöten: Geld und Examen. An Herbeischaffung von Geld, trotzdem Freund Lepel damit umging, eine reiche Tante mir zuliebe »reinzulegen«, war gar nicht zu denken; aber Absolvierung meines Examens lag innerhalb der Möglichkeit. Und wenn's damit glückte, so war zwar nicht viel gewonnen, aber doch was.

Also Vorbereitung zum Examen!

Ich hatte mir eine kleine Summe Geldes gespart, und so wenig es war, so fing ich doch an, mich ganz ernsthaft über analytische Chemie herzumachen, und zwar als Schüler vom Professor Sonnenschein – Vater des Geheimen Legationsrats im Auswärtigen Amt –, der gerade damals in einem Seitenflügel von Sparwaldshof ein chemisches Laboratorium errichtet hatte. Sonnenschein war ein ausgezeichneter Lehrer, und so ging alles ganz gut. Nebenan, in einem eigens ihm zur Verfügung gestellten Raume, war ein etwa dreißigjähriger Herr mit hellen blitzenden Augen und von sehr distinguierter Erscheinung ebenfalls mit analytischen Arbeiten beschäftigt. Seine Züge haben sich mir eingeprägt. Ich erfuhr später, daß es *Görgei* gewesen sei. Sichres darüber weiß ich freilich nicht. Aber es ist mir in hohem Maße wahrscheinlich, daß es Görgei war, weil es mir – wenigstens in meinen jungen Jahren – zubestimmt war, unausgesetzt Revolutionären und ähnlichen Leuten in die Arme zu laufen: Robert Blum, Georg Günther – Schwager R. Blums –, Jellinek, Dortu, Techow, Herzen, Bakunin und noch andre, die das, wofür sie kämpften, mit ihrem Leben oder mit ihrer Freiheit bezahlt haben.

Ich hatte mich, als ich meine Studien anfing, in der Dorotheenstraße seßhaft gemacht, und zwar in einem vergleichsweise neuen Hause, das dem in der Turnerwelt gekannten und gefeierten Eiselen gehörte. Meine Wohnung lag zwei Treppen hoch, und wenn ich von meinem Hinterzimmer aus in Schräglinie nach einer im ersten Stock gelegenen Küche sah, sah ich da neben dem einen Küchenfenster einen großen Eisenarm vorspringen, an dem regelmäßig allerlei gute Dinge hingen: Bekassinen, Kapaune, Rehziemer, auch Körbe mit Obst und Gemüse, namentlich Artischocken. Es wohnte da der durch seine Juristerei, seine Gourmandise und seine plattdeutschen Gedichte gleich berühmte Präsident Bornemann und weckte durch den vorgeschobenen Eisenarm mit seiner Delikatessenfülle den Wunsch in mir, doch mal sein Gast sein zu dürfen, ein Wunsch, der mir leider nicht in Erfüllung ging. Ich mußte mich mit Geringerem begnügen, habe dem aber gleich hinzuzusetzen, daß dies Geringere mich wohl zufriedenstellen durfte. Denn die Personen, bei denen ich in der Dorotheenstraße mich einquartiert hatte, waren niemand anders als Onkel August und Tante

Pinchen, dieselben also, von denen ich, in voraufgehenden Kapiteln, des Guten und Nichtguten schon so manches erzählt habe. Das Leben führte mich eben immer wieder mit ihnen zusammen, immer wieder in ihr angenehmes Haus, diesmal aber nicht als Gast, sondern als regelrechter Mieter. Beide waren ganz unverändert, *er* nach wie vor der immer gutgelaunte Lebemann, *sie* die feine Dame, die von Kunst zu sprechen und dabei einen literarischen Protektionston, ein ganz klein wenig im Stile von Rahel Levin oder Fanny Lewald, anzuschlagen verstand. Es war also wie vordem ein gefälliges Zusammenleben. Ich sah mich aber trotzdem gezwungen, nach einigen Monaten schon es abzubrechen, und weil sich bald nachher – übrigens bei Fortdauer unsrer guten Beziehungen – unsre Lebenswege trennten, so möcht' ich hier alles zum Abschluß bringen, was ich noch über das Leben dieser meiner zwei Verwandten zu sagen habe.

Dies Leben verlief so abenteuerlich, wie es begonnen hatte.

Meines Onkel Augusts Ausgang

Onkel August war, als ich im Sommer 46 in seine Wohnung in der Dorotheenstraße zog, erster Geschäftsführer in der Lüderitzschen Kunsthandlung Unter den Linden, ein Geschäft, in das er unmittelbar nach seinem Wiedereintreffen von Leipzig in Berlin eingetreten war. Er hatte da gute Tage, wußte durch Sachkenntnis und Gewandtheit die Chefs des Hauses zufriedenzustellen und stellte namentlich sich selber dadurch zufrieden, daß er wohl mindestens die halbe Zeit in der gerade gegenüber gelegenen Konditorei von Spargnapani, der sein guter Freund war und ihn schwärmerisch liebte, verbrachte. Doch ihm waren noch bessre Tage vorbehalten, wenigstens größere, die Märztage von 48, wo sein Leben sozusagen in eine Blüte trat. Der den Märztagen folgende Sommer, den man den Bürgerwehrsommer nennen konnte, war wie geschaffen für Onkel August. Er war alsbald ein enragierter Bürgerwehrsmann und soll bei der in einer Feuertiene sich vollziehenden Gefangennahme des Radaubruders »Linden-Müller« eine Rolle gespielt haben. Sehr wahrscheinlich. Immer an der Spitze zu sein und dabei theatralisch zu perorieren, das war sein Liebstes.

Sommer 49 gab er seine Stellung in der Lüderitzschen Kunsthandlung mal wieder auf und beschloß, nach New York zu gehn. Man vertraute ihm bei der Gelegenheit geschäftlicherseits eine riesige Kiste mit Kupferstichen an, deren Vertrieb er drüben übernehmen sollte. So ging er denn guten Muts im Juli genannten Jahres von Hamburg aus ab, nachdem die Tante mit der ihr eignen Theateremphase versichert hatte:»Sie wolle in einem freien Lande begraben sein.« Die Überfahrt ging auch glücklich vonstatten, und die mitgenommenen Kupferstiche sorgten eine ganze Weile für Existenz, da das Abliefern des dafür eingenommenen Geldes nicht zu Onkel Augusts Lebensgewohnheiten gehörte. Als er aber schließlich nicht nur die Kupferstiche veräußert, sondern auch das dafür eingenommene Geld verausgabt hatte, mußte was andres versucht werden, und man schritt gemeinschaftlich, Mann und Frau, zu Etablierung eines Putz- und Weißzeuggeschäfts. Dies dauerte, wie alles, was Onkel August anfaßte, zwei, drei Jahr. Dann brannte das Putzgeschäft ab, Gott weiß wie. Dies »Gott weiß wie« trat mehrfach in seinem Leben auf. Aber bald hatte sich wieder was andres gefunden, und Onkel August wurde Reisender und Agent für ein riesiges Pelzwarengeschäft. Um diese Zeit – es waren gerade meine Londoner Tage, von denen ich im ersten Abschnitt dieses Buches (Kapitel zwei) ausführlich erzählt habe – kam mir Nachricht von ihm, und zwar durch Freund Faucher, der mir eines Tages einen Zeitungsausschnitt aus einem New Yorker Blatte schickte. Da fand ich denn das Folgende. Die große Pelzwarenfirma MacKenzie pflege, behufs Einkauf von Pelzen, Geschäftsreisende bis auf die Aleüten zu senden. Unter diesen Geschäftsreisenden habe sich neuerdings ein Mr. Fontane befunden, der auf der großen aleütischen Mittelinsel einem Moskauer Pelzhändler begegnet sei, mit dem er sich gleich angefreundet, auch schließlich nach seinem Namen gefragt habe. Da habe sich denn herausgestellt, daß sie beide »Fontane« hießen und beide derselben Gegend in Languedoc, vielleicht sogar derselben Familie entstammten. Aber während 1686 der eine Zweig nach Deutschland gegangen sei, sei der andre nach Rußland gezogen, und Abkömmlinge dieser beiden Zweige hätten sich nun von Westen und Osten her auf der Mittelinsel der Aleüten getroffen und ihre Zusammengehörigkeit durch einen Bruderkuß besiegelt. So der Zeitungsbericht. Faucher hatte daneben geschrieben: »Dieser New Yorker Fontane muß natürlich Ihr Onkel sein, von dem Sie mir mal erzählt haben.« Und ich wette nun meinerseits, daß es wirklich so war. Dergleichen war meinem Onkel stets vorbehalten. Kurze Zeit dar auf hieß es: er – Onkel August – sei auf dem Mississippi ertrunken, ein Dampfkessel sei geplatzt. Es bestätigte sich aber nicht. Er starb vielmehr geraume Zeit später ruhig in seiner Behausung, und seine Frau, die von den unbedingten Vorzügen der »freien Erde« zurückgekommen war, wandte sich wieder Deutschland zu. Da lebte sie noch eine ganze Reihe von Jahren, erst im Badischen, dann wieder in Berlin. Und während dieser ihrer Berliner Zeit sah ich sie noch oft. Ihre Figur war klein geworden, dagegen schienen sich ihre Augen wie vergrößert zu haben; etwas Herbes, Herrisches war über sie gekommen, und wenn sie mit ihrem spanischen Rohr mit großer Elfenbeinkrücke durch das Zimmer schritt, wirkte sie wie ein weiblicher Alter Fritz. In hohem Alter starb sie. Sie ruht draußen auf dem Jakobi-Kirchhof.

Ich nehme nun hier von diesem für mein Leben so bedeutsam gewesenen Menschenpaare Abschied. Aber doch nicht, ohne noch vorher ein Wort über dasselbe gesagt zu haben. Jeder von ihnen war wie für eine psychologische Studie geschaffen, die Tante beinahe mehr noch als der Onkel. Dennoch, um diese Dinge nicht zu weit auszuspinnen, nur über diesen letzteren noch eine Bemerkung.

Es könnte nach manchem scheinen, als wäre er auf dem Felde der Liebenswürdigkeit ein bloßer Komödiant gewesen. Das war er aber nicht. Er war *wirklich* eine liebenswürdige Natur. Abgesehn von seinen Talenten, seinem Witz und Geschmack, seiner ewig guten Laune, war er auch, bestimmten seelischen Eigenschaften nach, wie geschaffen, die Menschen, die mit ihm verkehrten, ganz besonders auch seine Familie, zu beglücken. Er war immer bon camarade, nie Spielverderber, gütig, hülfebereit und auch von durchaus richtigem Judizium, solang es sich um das Tun *andrer* handelte. Man hätte ihm eine Entscheidung in Streitfällen ruhig anvertrauen können; sein Rechtssinn, soweit er im Intellekt wurzelte, war in bester Ordnung. Er war nicht begehrlich, nicht neidisch, nicht kleinlich, er war auch nicht einmal ein ausgesprochner Egoist und bekannte sich gern zum leben *lassen*. Wenn man ihn an einer Stelle hätte placieren können, in der es gar keine Schwierigkeiten und auch keine rechten Pflichten gegeben, in der ihm vielmehr nur obgelegen hätte, munter zu plaudern, Feste zu feiern, ein Lied zu singen oder am Klavier zu begleiten, wenn es, sag' ich, möglich gewesen wäre, ihn als einen durch glücklichste Placierung vor jeder Lebenssorge Geschützten – und es *gibt* solche Stellungen – unterzubringen, so würde vielleicht das denkbar Rühmlichste von ihm zu sagen sein; er mußte ein Leben führen, das ihm keine Versuchungen nahelegte, das ihn nie in die Lage brachte, auf kleine Wünsche, denn sie waren immer »klein«, zu verzichten oder gar den Kampf der Pflicht zu kämpfen. Auf diesen Kampf war er schlechterdings nicht eingerichtet, und der unausbleibliche moralische Bankrutt, der darin vorgezeichnet lag, ist ihm, wenn ich ihn richtig beurteile, nie so recht zum Bewußtsein gekommen. Wenn er kein Geld hatte, so nahm er's, wo er's fand, und tat rücksichtslos alles, um die durch ihn herbeigeführte, meist sehr dunkle Situation in einer Katastrophe untergehn zu lassen. Es mußte nur nicht rauskommen. Alles andre war gleichgültig. Es sind das die gefährlichsten Menschen, die es gibt; die Gewaltsamen verschwinden daneben und stehen auch sittlich unendlich höher. Bei solchen Kraftnaturen ist eine Bekehrung möglich, bei diesen liebenswürdigen Taugenichtsen nie. Ich kann sagen, mir ist, nachdem ich der Sache erst mal auf den Grund gesehen, das »Affable« durch Erscheinungen wie die meines Onkels geradezu verleidet worden, und wenn ich mich, was öfter geschieht, auf meine »Liebenswürdigkeit« hin angesprochen sehe, so kommt mir jedesmal der Gedanke: »Solltest du vielleicht auch ...«, und eine Gänsehaut überläuft mich. Ich habe mir denn auch infolge davon durch manches Jahr hin ganz ehrlich gewünscht, ein Grobian zu sein, bis ich schließlich dahinter gekommen bin, daß auch *das* nichts hilft und daß die Grobiane genau denselben Moraldefekt haben können, nur in andrer Einkleidung. Dieser Moraldefekt ist eben eine Gottesgabe für sich, die sich mit *jedem* Temperament und *jeder* Manier verträgt. Am furchtbarsten ist die Gruppe der im stillen ihr Schäfchen scherenden Biedermeier.

Ich kehre nach dieser abschließenden Onkel-August-Episode zu meinen eignen Angelegenheiten zurück.

Spätsommer 46 gab ich meine Wohnung in der Dorotheenstraße wieder auf und quartierte mich bei meinen auf dem Lande lebenden Eltern ein, um da meine Studien privatim fortzusetzen, so gut oder so schlecht es ging. »So schlecht« ist das richtigere. Denn Naturwissenschaftlichkeiten sind Dinge, die man nicht bloß aus Büchern lernen kann; es bedarf dazu viel äußeren Apparats. So stand es denn wenig gut mit mir, als ich, nach Ablauf von etwa dreiviertel Jahren, wieder aufbrach, um endlich mein Examen zu machen. Ich wußte jämmerlich wenig, was denn auch meinen Vater, als ich mich von ihm verabschiedete, zu der Bemerkung veranlaßte: »Will dir was sagen; du fällst entweder durch oder kriegst eine Nummer eins.« Er war, wie in vielem, so auch darin ganz Vollblutfranzose, daß er, sobald er eine Formel für eine bestimmte Situation gefunden hatte, sich vollkommen beruhigt fühlte.

Das Examen verlief indessen anders, als mein Vater erwartete. Ich fiel *nicht* durch, aber noch weniger erhielt ich eine Nummer eins. Es war alles Durchschlupf, hair breadth *escape*. Dabei passierte das, was immer passiert, daß ich auf dem Gebiet, auf dem es am schlimmsten mit mir stand, am besten abschloß. Das war in der Botanik. Ich ging, in Frack und weißer Binde, durch die Friedrichsstraße hin auf meine Marterstätte zu. Bei Raehmels Weinhandlung, damals Ecke der Rosmaringasse, angekommen, schwenkte ich ein, um mich durch eine halbe Flasche Rotwein soweit wie möglich zu stärken und dabei noch einen flüchtigen Blick in ein kleines, mich beständig begleitendes botanisches Büchelchen zu tun. Ich schlug blindlings auf, und auf der linken Seite stand »Die Karyophyllazeen«. Die Typen stehen noch deutlich vor mir. Es war hier alles nur in nuce gegeben, aber so wenig es war, es rettete mich doch, denn siehe da, der alte Link, berühmter Botanikprofessor – Vater oder Taufpate der Linkstraße –, begann mit seiner Krähstimme gerade nach den Karyophyllazeen zu fragen. Er sah wohl, daß ich nur gerad einen Schimmer davon hatte und mit diesem Schimmer alles zu vergolden trachtete. Das amüsierte ihn, und so gab er mir denn ein ganz leidliches, will also sagen unverdientes Zeugnis. Ich hatte Glück gehabt. Entgegengesetztenfalls, also bei Nichtbestehen im Examen, hätte mich kaum ein Vorwurf treffen können, indessen man kann nicht jedem klarmachen, daß man eigentlich unschuldig ist an einer sich einstellenden Blamage. Diese mir erspart zu sehn, war ich herzlich froh, wenn mir freilich auch sehr bald wieder die Frage kam: »Ja, was nun?« Ich hatte das Examen hinter mir, aber keine Spur von Lebensaussicht vor mir; bloß eine arme Braut, die wartete.

Da half es denn schließlich nichts, ich mußte wieder irgendwo unterkriechen und trat im Spätherbst 47 in die Jungsche Apotheke ein.

17

Der achtzehnte März

Erstes Kapitel - Der achtzehnte März

Die Jungsche Apotheke, Ecke der Neuen Königs- und Georgenkirchstraße, darin ich den »18. März« erleben sollte, war ein glänzend fundiertes Geschäft, aber von vorstädtischem Charakter, so daß das Publikum vorwiegend aus mittlerer Kaufmannschaft und kleineren Handwerkern bestand. Dazu viel Proletariat mit vielen Kindern. Für letztere wurde seitens der Armenärzte meist Lebertran verschrieben – damals, vielleicht auch jetzt noch, ein bevorzugtes Heilmittel –, und ich habe, während meiner ganzen pharmazeutischen Laufbahn, nicht halb soviel Lebertran in Flaschen gefüllt wie dort innerhalb weniger Monate. Dieser Massenkonsum erklärte sich dadurch, daß die durch Freimedizin bevorzugten armen Leute gar nicht daran dachten, diesen Lebertran ihren mehr oder weniger verskrofelten Kindern einzutrichtern, sondern ihn gut wirtschaftlich als Lampenbrennmaterial benutzten. Außer dem Tran wurde noch abdestilliertes Nußblätterwasser, das kurz vorher durch Dr. Rademacher berühmt geworden war, ballonweise dispensiert; ich kann mir aber nicht denken, daß dies Mittel viel geholfen hat. Wenn es trotzdem noch in Ansehen stehen sollte, so will ich nichts gesagt haben.

Der Besitzer der Jungschen Apotheke, der bekannten gleichnamigen Berliner Familie zugehörig, war ein älterer Bruder des um seiner vorzüglichen Backware willen in unserer Stadt in freundlichem Andenken stehenden Bäckers Jung Unter den Linden. Beide Brüder waren ungewöhnlich schöne Leute, schwarz, dunkeläugig, von sofort erkennbarem französischen Typus; sie hießen denn auch eigentlich Le Jeune, und erst der Vater hatte den deutschen Namen angenommen. Es ließ sich ganz gut mit ihnen leben, soweit ein Verirrter, der das Unglück hat, sich für »Percy's Reliques of ancient English Poetry« mehr als für Radix Sarsaparillae zu interessieren, mit Personen von ausgesprochener Bourgeoisgesinnung überhaupt gut leben kann. Aber freilich, mit der Kollegenschaft um mich her stand es desto schlimmer, die Betreffenden wußten nicht recht, was sie mit mir anfangen sollten, und als in einem damals erscheinenden liberalen Blatte, das die »Zeitungshalle« hieß, ein paar mit meinem Namen unterzeichnete Artikel veröffentlicht wurden, wurde die herrschende Verlegenheit nur noch größer. Im ganzen aber verbesserte sich meine Stellung dadurch doch um ein nicht Unbeträchtliches, weil die Menschen mehr oder weniger vor jedem, der zu Zeitungen irgendwelche Beziehungen unterhält, eine gewisse Furcht haben, Furcht, die nun mal für Übelwollende der beste Zügel ist. Wer glaubt, speziell hierlandes, sich ausschließlich mit »Liebe« durchschlagen zu können, der tut mir leid.

Die grotesk komische Furcht vor mir steigerte sich selbstverständlich von dem Tag an, wo die Nachricht von der Pariser Februarrevolution eintraf, und als in der zweiten Märzwoche kaum noch ein Zweifel darüber sein konnte, daß sich auch in Berlin irgendwas vorbereite, begann sogar die Prinzipalität mich mit einer gewissen Auszeichnung zu behandeln. Man ging davon aus, ich könnte ein verkappter Revolutionär oder auch ein verkappter Spion sein, und das eine war gerade so gefürchtet wie das andere.

So kam der achtzehnte März.

Gleich nach den Februartagen hatte es überall zu gären angefangen, auch in Berlin. Man hatte hier die alte Wirtschaft satt. Nicht daß man sonderlich unter ihr gelitten hätte, nein, das war es nicht, aber man schämte sich ihrer. Aufs Politische hin angesehen, war in unserem gesamten Leben alles antiquiert, und dabei wurden Anstrengungen gemacht, noch viel weiter zurückliegende Dinge heranzuholen und all dies Gerümpel mit einer Art Heiligenschein zu umgeben, immer unter der Vorgabe, »wahrer Freiheit und gesundem Fortschritt dienen zu   wollen«. Dabei wurde beständig auf das »Land der Erbweisheit und der historischen Kontinuität« verwiesen, wobei man nur über eine Kleinigkeit hinwegsah. In England hatte es immer eine Freiheit gegeben, in Preußen nie; England war in der Magna-Charta-Zeit aufgebaut worden, Preußen in der Zeit des blühendsten Absolutismus, in der Zeit Ludwigs XIV., Karls XII. und Peters des Großen. Vor dieser Zeit staatlicher Gründung, beziehungsweise Zusammenfassung, hatten in den einzelnen Landesteilen allerdings mittelalterlich ständische Verfassungen existiert, auf die man jetzt, vielleicht unter Einschiebung einiger Magnifizenzen, zurückgreifen wollte. Das war dann, so hieß es, etwas »historisch Begründetes«, viel besser als eine »Konstitution«, von der es nach königlichem Ausspruche feststand, daß sie was Lebloses sei, ein bloßes Stück Papier. Alles berührte, wie wenn der Hof und die Personen, die den Hof umstanden, mindestens ein halbes Jahrhundert verschlafen hätten. Wiederherstellung und Erweiterung des »Ständischen«, darum drehte sich alles. In den Provinzialhauptstädten, in denen sich, bis in die neueste Zeit hinein, ein Rest schon erwähnten ständischen Lebens tatsächlich – aber freilich nur *schattenhaft* – fortgesetzt hatte, sollten nach wie vor die Vertreter des Adels, der Geistlichkeit, der städtischen und ländlichen Körperschaften tagen, und bei bestimmten Gelegenheiten – das war eine Neuerung – hatten dann Erwählte dieser Provinziallandtage zu einem großen »*Vereinigten Landtag*« in der Landeshauptstadt zusammenzutreten. Eine solche Vereinigung sämtlicher Provinzialstände konnte, nach Meinung der maßgebenden, d.h. durch den Wunsch und Willen des Königs bestimmten Kreise, dem Volke bewilligt werden; in ihr sah man einerseits die Tradition gewahrt, andererseits – und das war die Hauptsache – dem Königtum seine Macht und sein Ansehen erhalten.

König Friedrich Wilhelm IV. lebte ganz in diesen Vorstellungen. Man kann zugeben, daß in der Sache Methode war, ja mehr, auch ein gut Stück Ehrlichkeit und Wohlwollen, und hätte die ganze Szene hundertunddreißig Jahre früher gespielt – wobei man freilich von der unbequemen Gestalt Friedrich Wilhelms I. abzusehen hat, der wohl nicht dafür zu haben gewesen wäre –, so hätte sich gegen ein solches Zusammenziehen der »Stände«, die zu jener Zeit, wenn auch angekränkelt und eingeengt, doch immerhin noch bei Leben waren, nicht viel sagen lassen. Es gab noch kein preußisches Volk. Unsere ostelbischen Provinzen, aus denen im wesentlichen das ganze Land bestand, waren Ackerbauprovinzen, und was in ihnen, neben Adel, Heer und Beamtenschaft, noch so umherkroch, etwa 4 Millionen Seelen ohne Seele, das zählte nicht mit. Aber von diesem absolutistisch patriarchalischen Zustand der Dinge zu Beginn des vorigen Jahrhunderts war beim Regierungsantritt Friedrich Wilhelms IV. nichts mehr vorhanden.

Alles hatte sich von Grund aus geändert. Aus den 4 Millionen waren 24 Millionen geworden, und diese 24 Millionen waren keine misera plebs mehr, sondern freie Menschen – wenigstens innerlich –, an denen die die Welt umgestaltenden Ideen der Französischen Revolution nicht spurlos vorübergegangen waren. Der ungeheure Fehler des so klugen und auf seine Art so aufrichtig freisinnigen Königs bestand darin, daß er diesen Wandel der Zeiten nicht begriff und, einer vorgefaßten Meinung zuliebe, nur *sein* Ideal, aber nicht die Ideale seines Volkes verwirklichen wollte. Friedrich Wilhelm IV. handelte, wie wenn er ein Professor gewesen wäre, dem es obgelegen hätte, zwischen dem *ethischen* Gehalt einer alten landständischen Verfassung und einer modernen Konstitution zu entscheiden und der nun in dem Altständischen einen größeren Gehalt an Ethik gefunden. Aber auf solche Feststellungen kam es gar nicht an. Eine Regierung hat nicht das Bessere bzw. das Beste zum Ausdruck zu bringen, sondern einzig und allein das, was die Besseren und Besten des Volkes zum Ausdruck gebracht zu sehen wünschen. Diesem Wunsche hat sie nachzugeben, auch wenn sich darin ein Irrtum birgt. Ist die Regierung sehr stark – was sie aber in solchem Falle des Widerstandes gegen den Volkswillen fast nie ist –, so kann sie, länger oder kürzer, ihren Weg gehen, sie wird aber, wenn der Widerstand andauert, schließlich immer unterliegen. Die Schwäche der preußischen Regierung vom Schluß der Befreiungskriege bis zum Ausbruch des Schleswig-Holsteinischen Krieges bestand in dem beständigen Sichauflehnen gegen diesen einfachen Satz, dessen unumstößliche Wahrheit man nicht begreifen wollte. Wenn später Bismarck so phänomenale Triumphe feiern konnte, so geschah es, sein Genie in Ehren, vor allem dadurch, daß er seine stupende Kraft in den Dienst der in der deutschen Volksseele lebendigen Idee stellte.

So wurde das Deutsche Reich aufgerichtet und *nur* so.

Es schien mir wünschenswert, dies vorauszuschicken, ehe ich mich meiner eigentlichen Aufgabe, der Schilderung der Märztage, zuwende.

Bis zum dreizehnten war nur eine gewisse Neugier bemerkbar, drin vorwiegend das bekannte witzelnde Wesen der Berliner zum Ausdruck kam; die Leute steckten die

Köpfe zusammen und warteten auf das, was der Tag vielleicht bringen würde. Jeder mutete dem anderen zu, die Kastanien aus dem Feuer zu holen. Die Welt besteht nun mal nicht aus lauter Helden, und die bürgerliche Welt ist zu freiwilliger Übernahme dieser Rolle besonders unlustig. Als aber die Nachrichten aus Wien eintrafen, fühlte man doch ein Unbehagen darüber, daß nichts so recht in Fluß kommen wollte. Selbst die Bourgeoisie nahm an diesem Empfinden teil. Die »Immer-langsam-Vorans« waren uns zuvorgekommen, die »Holters« –, nein, das ging doch nicht. Ich wähle, mit gutem Vorbedacht, solche nüchtern prosaisch klingende Wendungen, da mir sehr wesentlich daran liegt, das, was geschah, keinen Augenblick als mehr erscheinen zu lassen, als es war, aber freilich auch nicht weniger. Das mit einemmal in der bürgerlichen Sphäre lebendig werdende Gefühl: »Ach was! Wir wollen *auch* unsere Freiheit haben«, war freilich noch lange nicht dazu angetan, eine Revolution zu machen, aber es unterstützte diese sehr stark, ja entscheidend, als sie schließlich da war. Zwischen denen, die zuguterletzt die Sache durchfochten, und denen, die mehr oder weniger vergnügt bloß zusahen, war, mit Ausnahme des Couragepunktes, kein allzu großer Unterschied.

Vom dreizehnten bis siebzehnten hatten kleine Straßenkrawalle stattgefunden, alles sehr unbedeutend, nur anstrengend für die Truppen, die, weil beständig alarmiert, einen sehr schweren Dienst hatten. Am achtzehnten früh – Sonnabend – war man in großer Aufregung, und soweit die Bürgerschaft in Betracht kam, freudiger als die Tage vorher gestimmt, weil sich die Nachricht: »Alles sei bewilligt« in der Stadt verbreitet hatte. Wirklich, so war es. Der König hatte dem Andrängen der freisinnigen Minister, Bodelschwingh an der Spitze, nachgegeben und war, nachdem er den Wortlaut der den Wünschen des Volks entgegenkommenden Edikte verschiedenen, aus den Provinzen, namentlich aus Rheinland eingetroffenen Deputationen mitgeteilt hatte, auf dem Balkon des Schlosses erschienen und hier mit Vivats empfangen worden. Der Schloßplatz füllte sich immer mehr mit Menschen, was anfangs nicht auffiel, bald aber dem König ein Mißbehagen einflößte, weshalb er zwischen ein und zwei Uhr dem an Stelle des Generals von Pfuel mit dem Kommando der Truppen betrauten General von Prittwitz den Befehl erteilte, die beständig anwachsende Menschenmasse vom Schloßplatz wegzuschaffen. Diesem Befehle Folge gebend, holte General von Prittwitz selbst die Gardedragoner herbei und ritt mit ihnen durch die Schloßfreiheit nach dem Schloßplatz. Hier ließ er einschwenken, Front machen und im Schritt den Platz säubern. Da stürzte sich plötzlich die Masse den Dragonern entgegen, fiel ihnen in die Zügel und versuchte den einen oder anderen vom Pferde zu reißen. In diesem für die Truppen bedrohlichen Augenblick brach aus dem mittleren und gleich darauf auch aus dem kleineren Schloßportal – mehr in Nähe der Langen Brücke – eine Tirailleurlinie vor, und seitens dieser fielen ein paar Schüsse. Fast unmittelbar darauf leerte sich der Platz, und die bis dahin vor dem Schloß angesammelte

Volksmasse, drin Harmlose und nicht Harmlose ziemlich gleichmäßig vertreten waren, zerstob in ihre Quartiere.

Unter den Harmlosen, ja, ich darf wohl hinzusetzen, mehr als Harmlosen, die sofort davonstürzten, um ihre Person in Sicherheit zu bringen, befand sich auch mein Prinzipal. Er war ein guter Schütze, sogar Jagdgrundinhaber in der Nähe von Berlin, aber »selbst angeschossen zu werden« war nicht sein Wunsch. Ich sehe noch sein bis zum Komischen verzweifeltes Gesicht, mit dem er bei uns eintraf und nach Erzählung des Hergangs sich dahin resolvierte: »Ja, meine Herren, so was ist noch nicht dagewesen; das ist ja die reine Verhöhnung, alles versprechen und dann schießen lassen und auf wen? Auf *uns,* auf ganz reputierliche Leute, die Front machen und grüßen, wenn eine Prinzessin vorbeifährt, und die prompt ihre Steuern bezahlen!« Es war auf dem Hausflur, daß diese Rede gehalten wurde. Wir standen drum herum, und auch die vorzüglichsten Mieter des Hauses hatten sich eingefunden. Dies war, neben andern, ein eine Treppe hoch wohnendes Ehepaar, Kapellmeister St. Lubin und Frau vom Königstädtischen Theater, *er* ein kleines unbedeutendes Hutzelmännchen, *sie, wie* die meisten Französinnen von über vierzig, von einer gewissen Stattlichkeit und mit dem Bewußtsein dieser Stattlichkeit über ihr ganzes oberes Embonpoint wegsehend. Beide, wiewohl halbe Fremde, nahmen doch teil an der allgemeinen Aufregung. Der einzige fast nüchterne war ich. In einem gewissen ästhetischen Empfinden fand ich alles, was ich da eben über die Schloßplatzhergänge gehört hatte, so bourgeoishaft ledern, daß ich mich mehr zum Lachen als zur Empörung gestimmt fühlte. Das war aber nur von kurzer Dauer. Als ich gleich danach auf die Straße trat und die Menschen wie verstört an mir vorüberstürzen sah, wurde mir doch anders zu Sinn. Am meisten Eindruck machten *die* auf mich, die nicht eigentlich verstört, aber dafür ernst und entschlossen aussahen, als ging' es nun an die Arbeit. Ich hielt mich von da ab abseits von meinen Kollegen, die ganz stumpfsinnig dastanden oder sich an Berliner Witzen aufrichteten, während ich ganz im stillen meine Winkelried-Gefühle hatte. Daß ich in Taten sehr hinter diesen Gefühlen zurückblieb, sei hier gleich vorweg ausgesprochen.

Draußen hatte sich das Bild rasch verändert. Die Straße wirkte wie gefegt, und nur an den Ecken war man mit Barrikadenbau beschäftigt, zu welchem Zweck alle herankommenden Wagen und Droschken angehalten und umgestülpt wurden. In meinem Gemüt aber wurden plötzlich allerhand Balladen – und Geschichtsreminiszenzen lebendig, darunter dunkle Vorstellungen von der ungeheuren Macht des Sturmläutens; alles Große, soviel stand mir mit einem Male fest, war durch Sturmläuten eingeleitet worden. Ich lief also, ohne mich lange zu besinnen, auf die nur fünfzig Schritt von uns entfernte Georgenkirche zu, um da mit Sturmläuten zu beginnen. Natürlich war die Kirche zu – protestantische Kirchen sind immer zu –, aber das steigerte nur meinen Eifer und ließ mich

22

Umschau halten nach einem Etwas, womit ich wohl die stark mit Eisen beschlagene, trotzdem aber etwas altersschwach aussehende Tür einrennen könnte. Richtig, da stand ein Holzpfahl, einer von jener Art, wie man sie damals noch auf allen alten und abgelegenen Kirchplätzen fand, um, nachdem man eine Leine von Pfahl zu Pfahl gespannt, Wäsche daran zu trocknen. Ich machte mich also an den Pfahl und nahm auch zu meiner Freude wahr, daß er schief stand und schon stark wackelte; trotzdem – wie manchmal ein Backzahn, den man, weil er wackelt, auch leicht unterschätzt – wollte der Pfahl nicht heraus, und nachdem ich mich ein paar Minuten lang wie wahnsinnig mit ihm abgequält und sozusagen mein bestes Pulver – denn ich kam nachher nicht mehr zu rechter Kraft – an ihm verschossen hatte, mußt' ich es aufgeben. Mit meinem Debüt als Sturmläuter war ich also gescheitert, soviel stand fest. Aber ach, es folgten noch viele weitere Scheiterungen.

Schweißtriefend kam ich von dem stillen Kirchplatz in die Neue Königstraße zurück, auf der eben vom Tor her ein Arbeiterhaufen heranrückte, lauter ordentliche Leute, nur um sie herum etliche verdächtige Gestalten. Es war halb wie eine militärische Kolonne, und ohne zu wissen, was sie vorhatte, rangierte ich mich ein und ließ mich mit fortreißen. Es ging über den Alexanderplatz weg auf das Königstädter Theater zu, das alsbald wie im Sturm genommen wurde. Man brach aber nicht von der Front, sondern von der Seite her ein und besetzte hier, während einige, die Bescheid wußten, bis in die Garderoben und Requisitenkammern vordrangen, einen Vorraum, wahrscheinlich eine Pförtnerstube, drin ein Bett stand. Über dem Bett hing eine altmodische silberne Uhr, eine sogenannte Pfunduhr, mit dicken Berlocken und großen römischen Zahlen. Einer griff darnach. »Nicht anrühren«, donnerte von hinten her eine Stimme rüber, und ich konnte leicht wahrnehmen, daß es ein Führer war, der da, von seinem Platz aus, nach dem Rechten sah und dafür sorgte, daß das mehr und mehr sich mit einmischende Gesindel nicht aufkomme. Mittlerweile hatten die weiter in den Innenraum Eingedrungenen all das gefunden, wonach sie suchten, und in derselben Weise, wie sich beim Hausbau die Steinträger die Steine zuwerfen, wurde nun, von hinten her, alles zu uns herübergereicht: Degen, Speere, Partisanen und vor allem kleine Gewehre, wohl mehrere Dutzend. Wahrscheinlich – denn es gibt nicht viele Stücke, drin moderne Schußwaffen massenhaft zur Verwendung kommen – waren es Karabiner, die man fünfzehn Jahre früher in dem beliebten Lustspiele »Sieben Mädchen in Uniform« verwandt hatte, hübsche kleine Gewehre mit Bajonett und Lederriemen, die, nachdem sie den theaterfreundlichen, guten alten König Friedrich Wilhelm III. manch liebes Mal erheitert hatten, jetzt, statt bei Lampenlicht, bei vollem Tageslicht in der Welt erschienen, um nun gegen ein total unmodisch gewordenes und dabei, ganz wie ein »altes Stück«, ausschließlich langweilig wirkendes Regiment ins Feld geführt zu werden. Ich war unter den ersten, denen eins dieser Gewehre zufiel, und hatte momentan denn auch den Glauben, daß einer Heldenlaufbahn meinerseits nichts weiter im Wege stehe. Noch eine kurze Weile blieb ich auch in dieser Anschauung. Wieder draußen angekommen, schloß ich mich abermals einem Menschenhaufen an, der sich diesmal unter dem Feldgeschrei: »Nun aber Pulver« zusammengefunden hatte. Wir marschierten auf einen noch halb am Alexanderplatz gelegenen Eckladen los und erhielten von dem Inhaber auch alles, was wir wünschten. Aber wo das Pulver hintun? Ich holte einen alten zitronengelben Handschuh aus meiner Tasche und füllte ihn stopfevoll, so daß die fünf Finger wie gepolstert aussahen. Und nun wollt' ich bezahlen: »Bitte, bitte«, sagte der Kaufmann, und ich drang auch nicht weiter in ihn. So fehlte denn meiner Ausrüstung nichts weiter als Kugeln; aber ich hatte vor, wenn sich diese nicht finden sollten, entweder Murmeln oder kleine Geldstücke einzuladen. Und so trat ich denn auch wirklich an unsere Barrikade heran, die sich mittlerweile zwar nicht nach der fortifikatorischen, aber desto mehr nach der pittoresken Seite hin entwickelt hatte. Riesige Kulissen waren aus den Theaterbeständen herangeschleppt worden, und zwei große Berg- und Waldlandschaften, wahrscheinlich aus »Adlershorst«, haben denn auch den ganzen Kampf mit durchgemacht und sind mehrfach durchlöchert worden. Jedenfalls mehr als die Verteidiger, die klüglich nicht hinter der Barrikade, sondern im Schutz der Haustüren standen, aus denen sie, wenn sie ihren Schuß abgeben wollten, hervortraten. Aber das hatte noch gute Wege. Vorläufig befand ich mich noch keinem Feinde gegenüber und schritt dazu, wohlgemut, wenn auch in begreiflicher Aufregung, meinen Karabiner zu laden. Ich klemmte zu diesem Behufe das Gewehr zwischen die Knie und befleißigte mich, aus meinem Handschuh sehr ausgiebig Pulver einzuschütten, vielleicht von dem Satze geleitet: »Viel hilft viel.« Als ich so den Lauf halb voll haben mochte, sagte einer, der mir zugesehen hatte: »Na, hören Sie ...«, Worte, die gut gemeint und ohne Spott gesprochen waren, aber doch mit einemmal meiner Heldenlaufbahn ein Ende machten. Ich war bis dahin in einer fieberhaften Erregung gewesen, die mich aller Wirklichkeit, jeder nüchtern verständigen Erwägung entrückt hatte, plötzlich aber – und um so mehr, als ich als gewesener Franz-Grenadier doch wenigstens einen Schimmer vom Soldatenwesen, von Schießen und Bewaffnung hatte – stand alles, was ich bis dahin getan, im Lichte einer traurigen Kinderei vor mir, und der ganze Winkelried-Unsinn fiel mir schwer auf die Seele. Dieser Karabiner war verrostet; ob das Feuersteinschloß noch funktionierte, war die Frage, und wenn es funktionierte, so platzte vielleicht der Lauf, auch wenn ich eine richtige Patrone gehabt hätte. Statt dessen schüttete ich da Pulver ein, als ob eine Felswand abgesprengt werden sollte. Lächerlich! Und mit solchem Spielzeug ausgerüstet, nur gefährlich für mich selbst und für meine Umgebung, wollte ich gegen ein Gardebataillon anrücken! Ich war unglücklich, daß ich mir das sagen mußte, aber war doch zugleich auch wie erlöst, endlich zu voller Erkenntnis meiner Verkehrtheit gekommen zu sein. Das Hochgefühl, bloß zu fallen, um zu fallen, war mir fremd, und ich gratuliere mir noch nachträglich dazu, daß es mir fremd war. Heldentum ist eine wundervolle Sache, so ziemlich das Schönste, was es gibt, aber es muß echt sein. Und zur Echtheit, auch in diesen

Dingen, gehört Sinn und Verstand. Fehlt das, so habe ich dem Heldentum gegenüber sehr gemischte Gefühle.

Kleinlaut zog ich mich von der Straße zurück und ging auf mein Zimmer; Berufspflichten gab es nicht, man konnte in den Tagen tun, was man wollte. Da saß ich denn wohl eine Stunde lang und sah abwechselnd auf den Fußboden und dann wieder auf die Wand des alten, aus Feldstein aufgeführten Georgenkirchturms dicht vor mir. Ich war nur von *einem* Gefühl erfüllt, von dem einer großen Gesamtmiserabilität, meine eigene an der Spitze. Zuletzt aber wurde mir auch mein stupides Hinbrüten langweilig; dies Abgeschlossensein, dies Nichtwissen, was sich draußen zutrage, wurde mir unerträglich, und ich beschloß aufzubrechen und zu sehen, wie's in der Stadt hergehe. Zunächst wollt' ich bis auf den Schloßplatz und von da nach der Pépinière – Friedrichstraße –, wo ein Vetter von mir wohnte; natürlich, wie alles, was zur Pépinière gehört, ein Stabsarzt. Der war immer sehr aufgeregt und würde, das stand fest, gewiß bereit sein, irgendwas vorzunehmen. Ich hatte persönlich die Heldentaten aufgegeben, aber ich wollte wenigstens mit dabei sein.

Und so steuerte ich denn los.

Auf dem Alexanderplatz kein Mensch, kein Ton, was mich unheimlich wie Stille vorm Gewitter berührte. Und nun über die Königsbrücke in die Königstraße hinein. Da sah es sehr anders aus und doch auch wieder ähnlich. Die Ähnlichkeit bestand darin, daß unten alles mehr oder weniger menschenleer war, aber oben – und das war der Unterschied – war in langer Reihe von Haus zu Haus alles wie festlich aufgebaut: die Dächer abgedeckt, die Dachziegel neben dem Sparrenwerk aufgehäuft und auf dem Sparrenwerk selbst allerlei Leute, die vorhatten, von oben her einen Steinhagel herunterzuschicken. Alles zeigte deutlich den Eifer derer, die sich, wenn's nicht die Hausinsassen selbst waren, zu Herren des Hauses gemacht hatten, aber wenn man schärfer zusah, sah man doch auch wieder, daß es nichts Rechtes war, man wollte den Kampf gegen die Garden mit Dachziegeln aufnehmen! So kam ich bis dicht an die Spandauer Straße; von Schloßplatz und Kurfürstenbrücke her blitzten Helme, Geschütze waren aufgefahren und auf die Königstraße gerichtet. Als ich die nächste Barrikade überklettern wollte, lachten die paar Leute, die da waren. »Der hat's eilig.« Einer sagte mir, »es ginge hier nicht weiter; wenn ich in die Stadt hineinwollte, müßt' ich in die Spandauer Straße einbiegen und da mein Heil versuchen.« Das tat ich denn auch und passierte bald danach die Friedrichsbrücke. Drüben hielt ein Zug Dragoner, am rechten Flügel ein Wachtmeister, der das Kommando zu haben schien. Ich sehe ihn noch ganz deutlich vor mir: ein stattlicher Mann voll Bonhomie, mit einem Gesichtsausdruck, der etwa sagte: »Gott, was soll der Unsinn; ... erbärmliches Geschäft.« Demselben Ausdruck bin ich auch weiterhin vorwiegend begegnet, namentlich bei den Offizieren, wenn sie das Barrikadengerümpel beiseite zu schaffen suchten. Jedem sah man an, daß er sich unter seinem Stand beschäftigt fühlte. Noch in diesem Augenblick hat die Erinnerung daran etwas Rührendes für mich. Unsere Leute sind nicht darauf eingerichtet, sich untereinander zu massakrieren; solche Gegensätze haben sich hierzulande nicht ausbilden können.

Ich nahm nun meinen Weg hinter dem Museum fort, durch das Kastanienwäldchen und bog zuletzt von der Dorotheenstraße her in die Friedrichstraße ein, deren nördlich gelegene Hälfte – mit Ausnahme einer vor der Artilleriekaserne sich abspielenden Szene, wobei (Maschinenbauer und Studenten griffen hier an) ein Premierleutnant von Kraewel den jungen Bojanowski niederhieb – nur wenig in den Straßenkampf hineingezogen wurde. Doch gab es auch hier, so beispielsweise dicht vor der Pépinière, mehrere Barrikaden, mit deren Wegräumung eben Mannschaften aus der Friedrichsstraßenkaserne beschäftigt waren. Hinter ihnen rückten Ulanen heran, augen scheinlich in der Absicht, die wiederhergestellte Passage freizuhalten. Ich wartete, bis die Ulanen vorüber waren; zwei, drei Minuten später wurde der das Ulanenpikett führende Offizier, ein Leutnant von Zastrow, von einem Fenster aus erschossen. Dies kam aber erst später zu meiner Kenntnis. Ich hatte mich inzwischen, nach Eintritt in die Pépinière, in dem hohen, nach dem Garten hinaus gelegenen Zimmer meines Verwandten einquartiert. Er selber war ausgeflogen, was mich in die Lage brachte, hier in Einsamkeit und wachsender Erregung zwei schwere Stunden zubringen zu müssen. Denn so ziemlich in demselben Augenblicke, wo draußen der Ulanenoffizier aus dem Sattel geschossen wurde, begann auch das Gefecht an allen Stellen: Vom Schloßplatz her, nachdem ein paar Sechspfünderkugeln den Kampf eröffnet hatten, rückte das erste Garderegiment in die Königstraße ein, von den Linden her ein Halbbataillon Alexander in die Charlottenstraße – wo vor dem Heylschen Hause der als »Einjähriger« eben sein Jahr abdienende Herr von Bülow, später Gesandter am päpstlichen Stuhl, durch einen Schuß in den Oberschenkel schwer verwundet wurde –, während starke Abteilungen erst vom zweiten Königsregiment in Stettin und bald darauf auch vom zweiten Garderegiment die in der Südhälfte der Friedrichstraße gelegenen Barrikaden nahmen. An einzelnen Stellen kam es dabei zu regulärem Kampf. Das meiste davon vollzog sich auf weniger als tausend Schritt Entfernung von mir, und so klangen denn, aus verhältnismäßiger Nähe, die vollen Salven zu mir herüber, die die Truppen bei ihrem Vordringen unausgesetzt abgaben, um die namentlich in den Eckhäusern der Friedrichstraße postierten Verteidiger von den Fenstern zu vertreiben. Daß alle Salven sehr einseitig abgegeben wurden, war mir nach dem, was ich bis dahin von Verteidigung gesehen hatte, nur zu begreiflich.

Erst gegen acht Uhr kam mein Verwandter, der die zurückliegenden Stunden inmitten all des Schießens und Lärmens in einem benachbarten Eckhausrestaurant zugebracht hatte, zurück. Wir blieben noch eine volle Stunde zusammen, erst in seiner Wohnung, dann draußen in den Straßen, und ich werde weiterhin darüber zu berichten haben, unterbreche mich hier aber, um hier zunächst das einzuschieben, was ich, bei viel späterer Gelegenheit, über die Hauptaktion des Tages, den Kampf am Köllnischen Rathause, von einem der wenigen überlebenden Verteidiger ebendieses Rathauses gehört habe. Der mir's erzählte, war der Buchdruckereibesitzer Eduard Krause, später Drucker der Nationalzeitung.

»... Wir hatten uns« – so hieß es in Krauses Bericht – »eine Treppe hoch im Köllnischen Rathause festgesetzt, an verschiedenen Stellen; in dem Zimmer, in dem ich mich befand, waren wir zwölf Mann. Es war eine sehr gute Position und um so besser, als auch das rechtwinklig danebenstehende Haus, die d'Heureusische Konditorei – früher das Derfflinger-Palais – mit Verteidigern besetzt war. In dem d'Heureusischen Hause kommandierte der Blusenmann Siegerist, über dessen Haltung später viel Zweifelvolles verlautete.

Gegen neun Uhr rückte vom Schloßplatz her eine starke Truppenabteilung heran, an ihrer Spitze der Kommandeur des Bataillons. Es war das erste Bataillon Franz, geführt vom Major von Falkenstein. Er war bis zum Moment seiner Verwundung immer an der Spitze. Dicht vor der Scharrnstraße zog sich eine Barrikade quer über die Breite Straße fort. Es war eine schwierige Situation für die Truppen, denn im Augenblick, wo sie bis dicht an die Barrikade heran waren, wurden sie doppelt unter Feuer genommen, von d'Heureuse und von unserem Rathause her. Sie wichen zurück. Ein neuer Ansturm wurde versucht, aber mit gleichem Mißerfolg. Eine Pause trat ein, während welcher man beim Bataillon schlüssig geworden war, es mit einer Umfassung zu versuchen. An solche, so nah es lag, hatten wir in unserer militärischen Unschuld nicht gedacht. Gleich danach ging denn auch das Bataillon zum drittenmal vor, aber mehr zum Schein, und während wir sein Anrücken wieder von unserem Fenster her begrüßten und sicher waren, es abermals eine Rückwärtsbewegung machen zu sehen, hörten wir plötzlich auf der zu uns hinaufführenden Treppe die schweren Grenadiertritte. Von der Brüder- und Scharrnstraße, will also sagen von Rücken und Seite her, war man in das Rathaus eingedrungen. Jeder von uns wußte, daß wir verloren seien. In einem unsinnigen Rettungsdrange verkroch sich alles hinter den großen schwarzen Kachelofen, während mir eine innere Stimme zurief: ›Überall hin, nur nicht da.‹ Das rettete mich. Ich trat dem an der Spitze seiner Mannschaften eindringenden Offizier entgegen, empfing einen Säbelhieb über den Kopf und brach halb ohnmächtig zusammen, hörte aber gleich danach noch Schuß auf Schuß, denn alles, was, die Büchse in der Hand, sich hinter den Ofen geborgen hatte, wurde niedergeschossen ...«

Auf die Weise, wie hier erzählt, sind am achtzehnten März die meisten zu Tode gekommen, namentlich auch in den Eckhäusern der Friedrichstraße; die Verteidiger retirierten von Treppe zu Treppe bis auf die Böden, versteckten sich da hinter die

Rauchfänge, wurden hervorgeholt und niedergemacht. Es fehlte am achtzehnten März so ziemlich an allem, aber was am meisten fehlte, war der Gedanke an eine geordnete *Rückzugslinie*. Das könnte ja nun heldenhaft erscheinen, aber es war nur grenzenlos naiv. »*Ich*«, so war etwa der Gedankenweg, »schieße oder werfe Steine nach Belieben; die *andern* werden dann wohl das Hausrecht respektieren.«

Ich knüpfe an diese vorstehende Bemerkung gleich noch eine zweite und bemerke des weiteren, daß alles, was ich in diesem Kapitel erzählt habe bzw. noch erzählen werde, sich auf persönliche Wahrnehmung oder aber auf die mündlichen Berichte *direkt* Beteiligter stützt. Es weicht, wie mir wohl bewußt ist, hier und da von den damals in Büchern und Broschüren gemachten Angaben ab, woraus man aber – ohne daß ich meinen Berichten eine besondere Berechtigung zuschreiben möchte – nicht etwa schließen wolle, daß das von mir Erzählte notwendig unrichtig sein müsse. Selbst das aus offiziellen und halboffiziellen Quellen Stammende widerspricht sich so sehr untereinander, daß eine Punkt für Punkt sichere Feststellung der Geschehnisse so gut wie ausgeschlossen ist[1].

Ich kehre nun zu meinen eigenen persönlichen Erlebnissen zurück.

Nach kurzem Gespräch kamen mein Vetter und ich überein, uns wieder auf den Weg zu machen, und zwar wollt' er mich bis in meine Wohnung zurückbegleiten. In nächster Linie zu gehen, war unmöglich, weil die Innenstadt zerniert war. Wir gingen also zunächst über die Weidendammer Brücke fort, auf das Oranienburger Tor zu, wo mittlerweile der schon kurz erwähnte Kampf zwischen Maschinenarbeitern und der Besatzung der Artilleriekaserne stattgefunden hatte. Wir nahmen aber nichts mehr von diesem Kampfe wahr und gingen ruhig auf die Linienstraße zu, die hier die Nordhälfte der Stadt in weitem Bogen umspannt und etwa da ausmündet, wo ich hinwollte. Die wohl fast eine halbe Meile lange Wegstrecke war wie mit Barrikaden übersät, aber zugleich still und menschenleer. Das Ganze glich einer ausgegrabenen Stadt, in der das Mondlicht spazierenging. Wenn vielleicht wirklich Verteidiger dagewesen waren, so hatten sie sich etwas früh zur Ruhe begeben. Mein Elendsgefühl über das, was eine Revolution sein wollte, war in einem beständigen Wachsen.

So kamen wir zuletzt bis an die Kreuzungsstelle von Linien- und Prenzlauer Straße, von welch letzterer aus nur noch eine kurze Strecke bis zum Alexanderplatz war. Als wir hier aber weiter wollten, sagte man uns: »Das ginge nicht.« »Warum nicht?« »Weil der Platz von zwei Seiten her bestrichen wird; sie schießen hier aus der Alexanderkaserne die Münzstraße herunter und von den Kolonnaden an der Königsbrücke her in die Neue Königstraße hinein. Hören Sie nur, wie die Kugeln

---

1 Seitdem ich das Vorstehende schrieb, hat die fünfzigjährige Wiederkehr des achtzehnten März eine ganze Literatur gezeitigt; Altes ist neu hervorgesucht, Neues, von damals Beteiligten, niedergeschrieben worden. Aber von einem *Aufhellen* der Ereignisse keine Rede; das Dunkel und die Widersprüche werden auch bleiben. Schon der gegenseitige Parteistandpunkt schließt das Licht aus; man *will* dies Licht nicht einmal.

klappen.« Für mich waren diese Worte sehr überzeugend, mein exzentrischer Vetter jedoch, dem etwas von dulce est pro patria mori vorschweben mochte, wollte durchaus über den Platz fort. Ich weigerte mich aber ganz entschieden und erklärte: »Ich hätte nicht Lust, solchen Unsinn mitzumachen.« Da gab er's denn auch auf und ging, sich von mir trennend, in seine Pépinière zurück, während ich mich durch die mit dem Alexanderplatz parallellaufende Wadzeckstraße bis an meine Apotheke heranschlängelte. Hier fand ich alles verrammelt, so daß ich klingeln und eine ganze Zeit warten mußte, bis man mich einließ. Ich stellte mich derweilen in eine kleine Hausnische, was sehr weise war, denn als ich eine Viertelstunde später, ich weiß nicht mehr in welcher Veranlassung, die nach der Straße führende Haupttür öffnete, war der porzellane Klingelgriff weggeschossen. Das Haus, weil ein wenig vorspringend, lag überhaupt recht eigentlich in der Schußlinie, was denn auch Grund war, daß gleich die erste Sechspfünderkugel in den Eckpfeiler des Hauses einschlug. Da steckte sie noch den ganzen Sommer über, und der Berliner Witz hatte sich die Frage zurechtgemacht: »Herr Apotheker, wat kost' denn die Pille?« Solche Sechspfünderkugel (wie hier eingeschaltet werden mag) steckte desgleichen in einer Wand am Ende der Breiten Straße, und zwar gerade da, wo man, kurz vor Beginn des Kampfes, eine Proklamation Friedrich Wilhelms IV. angeklebt hatte. Die Folge davon war, daß, unmittelbar über der Kugel, die Worte: »*An meine lieben Berliner*« in Fettschrift zu lesen waren!

Die Stimmung in unserem Hause hatte sich mittlerweile sehr verändert. Jeder war abgespannt. Auch ich zog mich auf mein im Schutz des dicken, alten Georgenturms gelegenes Zimmer zurück und warf mich, in meinen Kleidern verbleibend, auf das hart am Fenster stehende Bett nieder, um zu schlafen. Alles war mir halb gleichgültig geworden; ich sehnte mich nach Ruhe. Aber da hatte ich die Rechnung ohne den Wirt gemacht.

Ich lag noch keine zehn Minuten, als mich ein von der Landsberger Straße her herüberschallendes Gejohl und Geschrei mit Flintengeknatter dazwischen und gleich danach ein sonderbares Geräusch aufschreckte, wie wenn große Hagelkörner massenhaft auf ein Schieferdach fallen. Ich sprang auf und machte, daß ich nach unten kam. Da stand denn auch schon alles an der eine gute Deckung gebenden Ecke des Hauses und starrte, nur dann und wann auf einen Augenblick sich vorbeugend, nach links hin in die Königstraße hinein. Der dazwischen gelegene weite Platz, auf dem man einen in seiner Mitte befindlichen großen Holzschuppen angezündet hatte, war taghell erleuchtet, und bei dem Glutschein dieser Fackel zog eine lange Truppenkolonne, die Helme blitzend, über den Platz hin; was noch in der Landsberger Straße steckte, knatterte weiter. Es war das Füsilierbataillon vom Leibregiment, das Befehl erhalten hatte, bis zu Mitternacht auf dem Schloßplatz zu sein – der Führer des Bataillons, Graf Lüttichau, an der Spitze. Das Ganze ein grausig schöner Anblick; unvergeßlich.

Um elf waren die Truppen über den Platz gezogen. Eine Stunde später wurde es still, und ich kletterte wieder in meine Stube hinauf. Das erste, was ich sah, waren Glassplitter, die zerstreut um mein Bett her lagen. Bei dem kolossalen Schießen in der Landsberger Straße war eine Kugel von der Turmecke her so eigenartig rikoschettiert, daß sie die anscheinend in vollstem Schutz liegende Fensterscheibe getroffen hatte. Wenn die Gewehre erst losgehen, weiß man nie, wie die Kugeln fliegen.

Zweites Kapitel - Der andere Morgen (neunzehnter März). Die »Proklamation«. »Alles bewilligt«. Betrachtungen über Straßenkämpfe. Leopold von Gerlachs Buch

Ich schlief während der Nacht, die folgte, so fest, daß ich, als ich aufwachte, mich nur mühsam in dem am Tage vorher Erlebten zurechtfinden konnte. Gegen acht Uhr war ich unten in unserem Geschäftslokal, woselbst ich schon viele Wartende, meist Frauen und Kinder, vorfand. Mein erster Gedanke ging dahin, daß es sich um Verwundete handeln müsse, weshalb ich ihnen die Zettel rasch aus der Hand nahm. Aber wer beschreibt mein Staunen, als ich sofort bemerkte, daß es sich bei diesen ärztlichen Verordnungen um ganz alte Bekannte handelte, von denen ich die Mehrzahl wohl schon ein halbes dutzendmal in Händen gehabt hatte. Nicht für Verwundete war man so früh schon aufgebrochen, nein, die Frauen, die da saßen und warteten, waren dieselben, die – wie schon eingangs des vorigen Kapitels von mir hervorgehoben – jeden dritten oder fünften Tag zum Doktor gingen, um sich da das Lebertranrezept für ihre skrofulösen Kinder erneuern zu lassen, und die diesen Lebertran dann als Lampenöl benutzten. Alle diese guten Hausmütter hatten auch am 19. März frühmorgens keine Ausnahme gemacht und unbekümmert darum, ob »Vater« am Tage zuvor sein Gewehr abgeschossen oder seinen Ziegel geschleudert hatte, war »Mutter« jetzt da, um ihre Lampe wieder gratis mit Öl zu versorgen. Freiheit konnte sein, Lebertran mußte sein. Das ganz Alltägliche bleibt immer siegreich und am meisten das Gemeine. Während der Nacht vom 18. zum 19., um auch das nicht zu verschweigen, haben sich unglaubliche Szenen abgespielt.

Es war mittlerweile belebter in Haus und Straße geworden und überall, wo sich etliche zusammenfanden, wurde von dem Anrücken des Leibregiments vom Frankfurter Tor her bis auf den Alexanderplatz und von dort her weiter bis auf den Schloßplatz gesprochen. Hunderte von Anwohnern der Landsberger Straße waren Augenzeugen dieses mit großer Energie durchgeführten Vormarsches gewesen, und was der eine nicht wußte, das wußte der andre. Tolle Sachen waren vorgekommen, zum Teil auch wohl häßliche, die sich hier nicht erzählen lassen, aber die Verluste hatten trotzdem auf beiden Seiten eine mäßige Höhe nicht überschritten. Unter denen, die auf seiten des Volks die Zeche hatten bezahlen müssen, befand sich auch ein Liebling von mir, dessen Tod mir beinahe zu Herzen ging. Es war dies ein großer, bildschöner Kerl, der täglich in der Apotheke vorsprach und dem ich dann, weil er mir so gefiel, immer etwas Furchtbares – denn das war ihm das liebste – aus den bittersten und namentlich brennendsten Tinkturen zusammenbraute. Dieser gemütliche Süffel von Fach hatte denn auch das Anrücken des Leibregiments ganz von der humoristischen Seite genommen, was in seinem Falle – denn er war ein alter Gardesoldat – eine doppelte Dummheit bedeutete. Just als die Tete bis in die Mitte der Landsberger Straße gekommen war, stellte er sich gemütlich vor eine Barrikade, drehte dem Grafen Lüttichau den Rücken zu und machte ihm und seinem Bataillon eine unanständige Gebärde. Fast in demselben Augenblicke fiel er, von zwei Kugeln getroffen, tot vornüber. Ich hörte das mit aufrichtiger Teilnahme; die ganze Sachlage war aber, von Politik wegen, zu langer Beschäftigung mit solchem Einzelfalle nicht angetan.

Es handelte sich doch um Wichtigeres, und ich war eifrig bemüht, in Erfahrung zu bringen, wie nach all der Anstrengung vom Tage vorher die Partie denn wohl eigentlich stehe. Viel Gutes, d.h. also von meinem damaligen Standpunkte aus viel Volkssiegreiches, erwartete ich nicht. Aber niemand wußte was Rechtes zu sagen. Nur soviel verlautete, daß sich die bis an die Königsbrücke vorgedrungenen Truppen im Laufe der letzten Stunde mehr und mehr zurückgezogen hätten. Alles drehte sich um diese Frage. Manche zweifelten, andre waren guter Dinge. Da, während wir noch hin und her stritten, sahen wir über den Alexanderplatz einen Haufen lebhaft gestikulierender Menschen herankommen, an deren Spitze, freudigen Ausdrucks, ein stattlicher Herr einherschritt. »Er bringt eine Botschaft«, hieß es alsbald, und wirklich, als er bis dicht an unsre Kulissenbarrikade heran war, auf deren Wald- und Felsenlandschaft ich mich postiert hatte, hielt er an, um mit deutlicher Stimme der sofort rasch anwachsenden Volksmenge die Mitteilung zu machen, »daß alles *bewilligt* sei« – *bewilligt* war damals Lieblingswort – »und daß S. Majestät Befehl gegeben habe, die Truppen zurückzuziehen. Die Truppen würden die Stadt verlassen.« Der distinguierte Herr, der diese Botschaft brachte, war, wenn ich nicht irre, der Geheimrat Holleufer oder vielleicht auch Hollfelder. – Alles jubelte. Man hatte gesiegt, und die spießbürgerlichen Elemente – natürlich gab es auch glänzende Ausnahmen –, die sich am Tage vorher zurückgehalten oder geradezu verkrochen hatten, kamen jetzt wieder zum Vorschein, um Umarmungen untereinander und mit uns auszutauschen, ja sogar Brüderküsse. Das Ganze eine, wie wir da so standen, in den Epilog gelegte Rütliszene, bei der man nachträglich die Freiheit beschwor, für die, wenn sie überhaupt da war, ganz andre gesorgt hatten. Viele bezeigten sich dabei vollkommen ernsthaft; mir persönlich aber war nur überaus elend zumute. Ich hatte, von mir und meinen Hausgenossen gar nicht zu reden, in den Stunden von Mittag bis Mitternacht nur ein paar beherzte Leute gesehen – natürlich alles Männer aus dem Volk –, die die ganze Sache gemacht hatten; speziell an unsrer Ecke war ein älterer Mann in Schlapphut und Spitzbart, den ich nach seinem ganzen Hantieren für einen Büchsenmacher halten mußte, dann und wann aus der ihm Deckung gebenden Seitenstraße bis an die Barrikade

31

vorgetreten und hatte da seinen mutmaßlich gut gezielten Schuß abgegeben. Sonst aber war alles in bloßem Radau geblieben, viel Geschrei und wenig Wolle. Wenn die Truppen jetzt zurückgingen, so war das kein von seiten des Volks errungener und dadurch gefestigter Sieg, sondern ein bloßes königliches Gnadengeschenk, das jeden Augenblick zurückgenommen werden konnte, wenn's dem, der das Geschenk gemacht hatte, so gefiel, und während ich noch so dastand und kopfschüttelnd dem Jubel meiner Genossen zusah, sah ich schon im Geiste den in natürlicher Konsequenz sich einstellenden Tag vor mir, wo denn auch wirklich, sieben Monate später, dieselben Gardebataillone wieder einrückten und der Bürgerwehr die zehntausend Flinten abnahmen, mit denen sie den Sommer über weder die Freiheit aufzubauen noch die Ordnung herzustellen vermocht hatte. Mich verließ das Gefühl nicht, daß alles, was sich da Sieg nannte, nichts war als ein mit hoher obrigkeitlicher Bewilligung zustande gekommenes Etwas, dem man, ganz ohne Not, diesen volkstriumphlichen Ausgang gegeben, und lebte meinerseits mehr denn je der Überzeugung von der absolutesten Unbesiegbarkeit einer wohldisziplinierten Truppe jedem Volkshaufen, auch dem tapfersten gegenüber. Volkswille war nichts, königliche Macht war alles. Und in dieser Anschauung habe ich vierzig Jahre verbracht.

Vierzig Jahre! Jetzt aber denke ich doch anders darüber. Vieles hat sich vereinigt, mich in dieser Frage zu bekehren.

Den ersten Anstoß dazu gaben mir die 1891 erschienenen »Denkwürdigkeiten des Generals Leopold von Gerlach«. In Band 1, Seite 138, fand ich da das Folgende: »Den achtzehnten März spät abends ging ich – Gerlach – vom Schloß nach Hause. Überall standen Truppen. Unter den Linden hielt Waldersee. General Prittwitz hatte den Generalen befohlen, in ihren Stellungen ruhig zu bleiben; es sei nicht seine Absicht, weiter vorzugehen; dann stattete er dem König Bericht ab. ›Heut und morgen und auch noch einen Tag‹ – so lautete dieser Bericht – ›glaube er die Sache noch sehr gut halten zu können; sollte sich aber der Aufruhr länger hinziehen, so wäre er der Meinung: mit dem König und den Truppen die Stadt zu verlassen und sich außerhalb derselben blockierend aufzustellen.‹ Diese Ansicht über die Sachlage hat General Prittwitz auch noch am Sonntagmorgen gegen Minutoli ausgesprochen, und auf ebendiese Rede hat sich dann Bodelschwingh bezogen, als er behauptete, ›Prittwitz habe ja auch erklärt, die Sache nicht länger halten zu können.‹«

Diese wenigen Sätze machten einen großen Eindruck auf mich und haben mich, erst auf den speziellen Fall, dann aufs Ganze hin umgestimmt, will sagen in meiner Gesamtanschauung über Kämpfe zwischen Volk und Truppen. Nicht plötzlich, nicht mit einemmal, kam mir diese Bekehrung, aber die seitens des Generals von Gerlach zitierten Prittwitzschen Worte wurden doch Veranlassung für mich, mich mit diesen Dingen, die mir im wesentlichen längst abgetan und erledigt erschienen, noch einmal zu beschäftigen, etwa wie ein Jurist, dem ein Zufall ein altes

Aktenstück in die Hände spielt und der nun bei Durchlesung ebendesselben urplötzlich und zu seiner eigenen nachträglichen Verwunderung zu der Überzeugung kommt, daß in der betreffenden Sache doch eigentlich alles sehr sehr anders liege, als bis dahin von ihm angenommen wurde. Dementsprechend hat auch mich die wiederaufgenommene Beschäftigung mit diesem alten, von mir selbst mit durchlebten Stoff zu der Ansicht geführt, daß es am achtzehnten März doch an ders gelegen hat, als ich vermutete, und daß ich die Gesamtsituation am Abende jenes Tages falsch beurteilt habe.

Schon gleich damals – ich kann hier keine bestimmten Angaben machen, weil ich alles, was Anstoß geben könnte, dringend zu vermeiden wünsche –, schon gleich damals kam mir manches zur Kenntnis, was zu meiner ausschließlich der militärischen Macht und Disziplin günstigen Vorstellung nicht recht passen wollte. Die durch solche Mitteilungen empfangenen Eindrücke waren aber zunächst von keinem Gewicht, wenigstens von keiner Nachhaltigkeit: erstens, weil ich den Berichterstattern nicht recht traute, zweitens, weil das, was die nächsten Zeiten brachten, einer Widerlegung gleichkam. So blieb denn, trotz gelegentlicher leiser Schwankungen, durch länger als ein Menschenalter hin alles in meiner Anschauung beim alten, bis das Gerlachsche Buch kam. Da wurd' ich stutzig, nahm, wie schon angedeutet, meine vordem nur ganz flüchtig gehegten und weit zurückliegenden Bedenken wieder auf und sah mich, je länger und umfassender ich mich mit dem Gegenstande beschäftigte, zuletzt vor die Frage gestellt: »Ja, wie verlaufen denn diese Dinge *überhaupt?*« Und meine Antwort auf diese mir selbst gestellte Frage ging dahin: sie müssen – vorausgesetzt, daß ein großes und allgemeines Fühlen in dem Aufstande zum Ausdruck kommt – jedesmal mit dem Siege der Revolution enden, weil ein aufständisches Volk, und wenn es nichts hat als seine nackten Hände, schließlich doch notwendig stärker ist als die wehrhafteste geordnete Macht. Im Teutoburger Walde, bei Sempach, bei Hemmingstedt, überall dasselbe; die Waldestiefen, die Felsen und Schluchten, die durch die Dämme brechenden Fluten sind eben stärker als alle geordneten Gewalten, und wenn sie nicht ausreichen und nicht helfen, so hilft zuletzt einfach der Raum, und wenn auch der nicht hilft, so hilft die Zeit. Diese Zeit kann verschieden bemessen sein, sie kann sich – wir sehen das in diesem Augenblick in den Kämpfen auf Kuba – über Jahre hin ausdehnen, aber in den meisten Fällen genügen schon Tage. Bei Straßenkämpfen gewiß. Wie gestalten sich solche Kämpfe? Das Volk hat von Moment zu Moment das Spiel in der Hand, hat Aktionsfreiheit; es kann sich dem Feuer aussetzen, es kann sich ihm aber auch entziehen; es kann nach Hause gehen, um in Bequemlichkeit auszuschlafen und kann am andern Morgen wieder mit frischen Kräften in den Kampf eintreten. Der arme Soldat dagegen muß frieren, hungern, dursten, und was er vom Schlaf hat – wenn überhaupt – wird ihn wenig erquicken, da man in den von ihm besetzten Häusern ihm widerwillig gesonnen ist. Diese Widerwilligkeit durch zwangsweises Vorgehen zu brechen, ist unmöglich, das läßt sich allenfalls gegen Landesfeinde tun – auch da sehr schwer –, aber sicherlich nicht gegen den guten Bürger, dem zuliebe ja, halb wirklich, halb vorgeblich, die ganze Szene durchgespielt werden soll. Eine Zeitlang hält eine gute Truppe trotz aller dieser Schwierigkeiten aus, zuletzt aber sind's Menschen, und von dem beständigen Abhetzen matt und müde geworden, versagt zuletzt die beste Kraft und der treuste Wille. Dazu kommt noch, daß auch Schlagwörter, plötzlich heraufbeschworene Vorstellungen, Imponderabilien, über die hinterher leicht lachen ist, mit einemmal eine halb unerklärliche Macht gewinnen. So weiß ich oder glaub' ich zu wissen, daß für bestimmte kleinere Truppenteile mit einemmal der Schreckensruf da war: »Die Bürger kommen.«

Noch einmal, ich vermeide hier mit Absicht nähere Angaben. Es waren Kompanien, die sich, wenige Monate später, ganz besonders und allen andern vorauf in ernsten Kämpfen ausgezeichnet haben. Jetzt erscheint uns der Schrei: »Die Bürger kommen« als der Inbegriff alles Komischen; damals, auf knappe vierundzwanzig Stunden, umschloß er eine Macht. Immer dieselbe Geschichte: wenn der Morgen anbricht, sieht man, daß es ein Handtuch war, aber in der Nacht hat man sich gegrault. Die Tapfersten haben mir solche Zugeständnisse gemacht. Nur der Feigling ist immer Held. So lag es sehr wahrscheinlich auch am achtzehnten März, und als General von Prittwitz gegen den König die Worte aussprach: »Heute und morgen und auch noch einen Tag glaube ich die Sache halten zu können«, da waren wohl bereits die ersten Anzeichen eines solchen Versagens da. So wird es immer sein, weil es – wenn man nicht gleich im ersten Augenblick, wie beispielsweise am zweiten Dezember, mit vernichtender und bei patriarchalischem Regiment überhaupt nicht zulässiger Gewalt vorgehen will – nicht anders sein *kann*. Und auch in dem Ausnahmefall hat es nicht Dauer. Auflehnungen, ich muß es wiederholen, die mehr sind als ein Putsch, mehr als ein frech vom Zaun gebrochenes Spiel, tragen die Gewähr des Sieges in sich, wenn nicht heute, so morgen. Alle *gesunden* Gedanken, auch das kommt hinzu, leben sich eben aus, und hier die richtige Diagnose stellen, das Zufällige vom Tiefbegründeten unterscheiden können, *das* heißt Regente sein.

Drittes Kapitel - Der einundzwanzigste März

Am neunzehnten vormittags – wie schon erzählt – erschien die Proklamation, »daß alles *bewilligt* sei«; mir persönlich, weil ich der Sache mißtraute, wenig zu Lust und Freude. Trotzdem sah ich ein, daß es töricht sein würde, mir die Stunde zu verbittern, bloß weil vielleicht bittere Stunden in Sicht standen. Ich war also bemüht, mit dem Strome zu schwimmen und geriet nur, eine Zeitlang, in neues Unbehagen, als ich von der einigermaßen an Hinterlist gemahnenden Gefangennahme des alten General von Möllendorff, Kommandeurs der einen Gardebrigade, hörte. Der vortreffliche alte Herr, der sich schon 1813 ausgezeichnet hatte, war von der Königsstraße her auf den Alexanderplatz vorgeritten, um in durchaus volksfreundlichem Sinne zu parlamentieren, und war bei dieser Gelegenheit vom Tierarzt Urban, einem schönen Manne, von dem man nur, seinem Aussehen nach, nicht recht wußte, ob man ihn mehr in die böhmischen Wälder oder mehr nach Utah hin verlegen sollte, gefangengenommen worden, wie's hieß unter Assistenz eines vierzehnjährigen Schusterjungen, der dem General von hinten her den Degen aus der Scheide zog. Möllendorff, durch Tierarzt Urban gefangengenommen, das wollte mir schon nicht recht eingehn! Aber was mich direkt empörte, das war, daß man den alten General in das Schützenhaus geschleppt und ihn dort ganz gemütlich vor die Wahl gestellt hatte: Schießverbot an seine Truppen oder selber erschossen werden. Glücklicherweise nahmen die Dinge draußen solchen Verlauf, daß der Unsinn und mehr als das – solche Forderung *darf* man nicht stellen, auch nicht in *solchen* Momenten – ohne weitere Folge vorüberging.

Am Nachmittage wurd' es ganz still, und ich benutzte diese ruhigen Stunden, um einen langen Brief, wohl vier, fünf Bogen, an meinen Vater zu schreiben. Es wird dies mutmaßlich der erste Bericht über den achtzehnten März gewesen sein, und wenn es nicht der erste Bericht war, der *geschrieben* wurde, so doch wohl der erste, der in die Welt ging. Es gab nämlich an jenem neunzehnten – der noch dazu ein Sonntag war – keine Postverbindung, was mich denn auch veranlaßte, meinen Brief direkt nach dem Stettiner Bahnhof zu bringen und ihn dort in den Postwagen eines Eisenbahnzuges zu tun. So kam dies Skriptum am andern Morgen in dem großen Oderbruchdorfe Letschin, wo mein Vater damals wohnte, glücklich an. Von den Sonnabendvorgängen in Berlin wußte man dort kein Sterbenswörtchen, selbst das »Gerücht«, das sonst so schnell fliegt, hatte versagt, und so war denn die Aufregung, die mein Brief schuf, ungeheuer. In alle Nachbardörfer gingen und ritten die Boten, um die große Sache zu melden, von der ich nicht weiß, ob sie mit Trauer oder Jubel aufgenommen wurde. Mein Vater, selbstverständlich, war an der Spitze der Erregtesten, beschloß sofort zu reisen, »um sich die Geschichte mal anzusehn«, und war am einundzwanzigsten früh in Berlin. Wie gewöhnlich stieg er in einem Vorstadtgasthofe, »wo's keine Kellner gab«, ab und war um die Mittagsstunde bei mir. Ich freute mich herzlich, ihn zu sehn, denn er war, von allem andern abgesehn, immer jovial und amüsant, und keine halbe Stunde, so brachen wir gemeinschaftlich auf.

»Sage, kannst du denn so ohne weitres aus dem Geschäft fort?«

»Eigentlich nicht. Sonst haben wir grad um Mittag immer viel zu tun. Aber es ist jetzt, als ob die Doktors auf Reisen wären. Und dann, Papa, was die Hauptsache ist, ich bin ja so gut wie ein Revolutionär und habe das Königstädtische Theater mitstürmen helfen ...«

»Wurde es denn verteidigt?«

»Nein. Beinahe das Gegenteil. Aber ich war doch mit dabei, und das gibt mir nu so 'nen Heiligenschein« – ich machte mit dem Zeigefinger die entsprechende Bewegung um den Kopf herum – »und mein Prinzipal denkt: ich könnte am Ende so weiter stürmen.«

Er lachte. So was tat ihm immer ungeheuer wohl, und so schritten wir denn, untergefaßt, die Königsstraße hinauf, auf den Schloßplatz zu. Wie wir nun da die Schloßhöfe und ihre Portale passierten und eben vor der großen, in das Lustgartenportal einmündenden Treppe standen, fragte ich ihn, »ob er da vielleicht hinein wolle?«

»Was? Hier in die Schloßzimmer?«

»Ja. Wie du vielleicht weißt, Emiliens – meiner Braut – Vetter ist Stabsarzt in der Pépinière und einer von denen, die hier die Behandlung der Verwundeten haben. Ich war gestern schon eine Viertelstunde mit ihm zusammen und hab' einen großen Eindruck von der Sache gehabt. An den Wänden hängen allerlei Prinzessinnenbilder, und darunter liegen die Verwundeten. Es sind merkwürdige Zustände.«

»Ja, höre, das find' ich auch. Aber ich mag da nicht hinein; ich geh nicht gern in Schlösser. So eigentlich gehört man doch da nicht hin.«

Unter diesen Worten waren wir, an den Rossebändigern vorüber, wieder ins Freie getreten und gingen auf die Linden zu. Hart an der Brücke und dann auch wieder dicht vor der Neuen Wache waren große metallene Teller aufgestellt, in die man für die Verwundeten eine Geldmünze hineintat.

»Wir müssen da wohl auch was geben«, sagte mein Vater. »Eine Kleinigkeit; so bloß symbolisch ...«

Und dabei zog er seine Börse, deren Ringe, links und rechts, ziemlich weit nach unten saßen. Ich folgte seinem Beispiel, und wir entledigten uns jeder einer verhältnismäßig anspruchsvollen Münze, die damals den prosaischen Namen »Achtgroschenstück« führte.

Gleich danach waren wir bis an die jenseitige Zeughausecke gekommen, da, wo das Kastanienwäldchen anfängt. Er blieb hier stehen, sah sich mit sichtlichem Behagen den prächtigen sonnenbeschienenen Platz an und sagte dann mit der ihm eigenen Bonhomie: »Sonderbar, es sieht hier noch geradeso aus wie vor fünfzig Jahren ...« Seitdem ist wieder ein Halbjahrhundert vergangen, und wenn die Stelle kommt, wo mein guter Papa in jenen Tagen diese großen Worte gelassen aussprach, so kann ich mich nicht erwehren, sie meinerseits zu wiederholen, und sage dann ganz wie er damals: »Es sieht noch geradeso aus wie vor fünfzig Jahren.« Es ist in der Tat ganz erstaunlich, wie wenig sich – ein paar Ausnahmen zugegeben – Städtebilder

36

verändern. Wenn an die Stelle von engen, schmutzigen Ghettogassen ein Square mit Springbrunnen tritt, so läßt sich freilich von Ähnlichkeit nicht weiter sprechen, präsentieren sich aber die Hauptlinien unverändert, während nur die Fassade wechselte, so bleibt der Eindruck ziemlich derselbe. Die Maße entscheiden, nicht das Ornament. Dies ist, es mag so schön sein wie es will, für die Gesamtwirkung beinah gleichgültig.

Wir hatten vor, die Linden hinunterzugehn und draußen vor dem Brandenburger Tor in Fuhlmanns Garten – den ich kannte – Kaffee zu trinken. Aber zunächst wenigstens kamen wir nicht dazu, denn als wir eben unsern Weitermarsch antreten wollten, erschien, von der Schloßbrücke her, eine ganze von hut- und mützeschwenkendem Volk umringte Kavalkade. Beim Näherkommen sahen wir, daß es der König war, der da heranritt, links neben ihm Minister von Arnim, eine deutsche Fahne führend.

»Du hast Glück, Papa, jetzt erleben wir was.«

Und richtig, hart an der Stelle, wo wir standen, hielt der Zug, und an die rasch sich mehrende Volksmenge richtete jetzt der König seine so berühmt gewordene Ansprache, drin er zusagte, sich, unter Wahrung der Rechte seiner Mitfürsten, an die Spitze Deutschlands stellen zu wollen. Der Jubel war ungeheuer. Dann ging der Ritt weiter.

Als der Zug vorbei war, sagte mein Vater: »Es hat doch ein bißchen was Sonderbares, ... so rumreiten ... Ich weiß nicht ...«

Eigentlich war ich seiner Meinung. Aber es hatte mir doch auch wieder imponiert, und so sagt' ich denn: »Ja, Papa, mit dem Alten ist es nun ein für allemal vorbei. So mit Zugeknöpftheiten, das geht nicht mehr. Immer an die Spitze ...«

»Ja, ja.«

Und nun gingen wir auf Fuhlmanns Kaffeegarten zu.

Viertes Kapitel - Auf dem Wollboden. Erstes und letztes Auftreten als Politiker

Ich weiß nicht mehr, um wieviel Wochen später die Wahlen zu einer Art »Konstituante« begannen. Eine Volksvertretung sollte berufen und durch diese dann die »*Verfassung*« festgestellt werden. Bekanntlich kam es aber erheblich anders, und das Endresultat, nach Steuerverweigerung und Auflösung der Versammlung, war *nicht* eine vom Volkswillen diktierte, sondern eine »oktroyierte Verfassung«. Es ist immer mißlich, wenn die Freiheitsdinge mit was Oktroyiertem anfangen.

Also Wahlen zur Konstituante! Der dabei stattfindende Wahlmodus entsprach dem bis diesen Augenblick noch seine sogenannten Segnungen ausübenden

Dreiklassensystem und lief darauf hinaus, daß nicht direkt, sondern indirekt gewählt wurde, mit anderen Worten, daß sich eine Zwischenperson einschob. Diese Zwischenperson war der »Wahlmann«. Er ging aus der Hand des Urwählers hervor, um dann aus seiner – des Wahlmanns – Hand wiederum den eigentlichen Volksvertreter hervorgehen zu lassen.

Alle Detailbestimmungen sind meinem Gedächtnisse natürlich längst entfallen, und ich weiß nur noch, daß ich persönlich alt genug war, um als »Urwähler« auftreten zu können. Ich erhielt also mutmaßlich den entsprechenden Zettel und begab mich, mit diesem ausgerüstet, in ein Lokal, in welchem sich die Urwähler der Neuen Königsstraße samt Umgegend über ihren »Wahlmann« schlüssig machen und diesen ihren politischen Vertrauensmann proklamieren sollten. Wenn ich eben sagte »in ein Lokal«, so ist dies nicht ganz richtig. Ein »Lokal« ist nach Berliner Vorstellung eine Örtlichkeit, drin viele Kellner umherstehen und einem unter Umständen ein Seidel bringen, noch ehe man es bestellt hat. Ein solches »Lokal« war nun aber unser Wahllokal keineswegs; es war vielmehr ein großer langer Boden, an dessen Seiten mächtige Wollsäcke hochaufgetürmt lagen, während zwei dieser Säcke sich im rechten Winkel quer vorschoben und einen Abteil, eine Art Geschäftsraum, herstellten. In Front davon war ein Tischchen aufgestellt, an dem ein Wahlkommissar oder etwas dem Ähnliches saß, ein würdiger alter Herr, auch ganz augenscheinlich der klügste, der den Gang der Ereignisse zu leiten hatte. Die Zahl derer, die sich eingefunden, war nicht groß, höchstens einige dreißig, und weil wohl niemand recht wußte, was zu tun sei, stand man in Gruppen umher und wartete, daß irgendwer, der wenigstens einen Schimmer habe, die Sache in die Hand nehmen würde. Naive Menschen sind immer sehr führungsbedürftig. Endlich fragte der Wahlbeamte, ob nicht einer der Erschienenen Vorschläge hinsichtlich eines aufzustellenden Wahlmannes machen wolle. Man drückte Zustimmung aus, blieb aber schweigsam und sah nur immer zu einem langen Herrn von mittleren Jahren hinüber, der in jener Erregung, die das sichre Kennzeichen eines starke Redelust mit Redeunvermögen vereinigenden Menschen ist, in Front der beiden Wollsäcke auf und ab schritt. Er war ebenso sehr ein Bild des Jammers wie der Komik, wozu seine Kleidung redlich beisteuerte. Während wir andern alle, meist kleine Handwerker, Budiker und Kellerleute, in unsrem Alltagsrock erschienen waren, trug der aufgeregte Mann einen schwarzen Frack und eine weiße Kandidatenbinde. Die Brille nahm er beständig ab und setzte sie wieder auf und war ärgerlich, wenn sich die beiden Häkchen in seinem angekräuselten blonden Haar verfitzten.

»Wer ist der Herr?« fragte ich einen neben mir Stehenden.

»Das ist der Herr Schulvorsteher von hier drüben.«

»Wie heißt er denn?«

38

»Ich glaube Schaefer; er kann aber auch Scheffer heißen. Ich werde mal Roesike fragen ... Sage mal, Roesike ...«

Und es war ersichtlich, daß er, mir zuliebe, seinen Freund, den Bäcker Roesike, wegen »Schaefer oder Scheffer« interpellieren wollte. Kam aber nicht dazu. Denn in ebendiesem Augenblicke hatte sich der Schulvorsteher neben dem Tisch des den Wahlakt leitenden alten Herrn aufgestellt und sagte – ein paar Schlagwörter sind mir im Gedächtnis geblieben – ungefähr das Folgende:

»Ja, meine Herren, was uns hergeführt hat, ... wir sind hier in diesem weiten Raum versammelt, und es ist wohl jeder von uns davon durchdrungen. Und jeder dankt auch wohl Gott, daß wir ein Fürstengeschlecht haben wie das unsrige. Kein Land, das ein solches Geschlecht hat, und wir stehen zu ihm in Liebe und in Treue ... Aber, meine Herren, nicht Roß, nicht Reisige ... Sie wissen, auch an dieser Stelle ist heldenmütig gekämpft worden, Bürgerblut ist geflossen, und der Sieg ist auf unserer Seite geblieben. Es handelt sich darum, diesen Sieg an unsre Fahne zu ketten. Und dazu bedürfen wir der richtigen Männer, die sich jeden Augenblick bewußt sind, daß das deutsche Gemüt einer Niedrigkeit nicht fähig ist. Und Verrat an unsren heiligsten Gütern ist Niedrigkeit. Unter uns, das weiß ich, ist niemand. Aber nicht alle denken und fühlen so, da sind ihrer noch viele, die der Freiheit nach dem Leben trachten. Mit Geierschnäbeln hacken sie danach. Ich bin deshalb für Anschluß an Frankreich und sehe Gefahr für Preußen in jenem Mann, der Polen eingesargt hat und unsre junge Freiheit nicht will. Also, meine Herren, Männer von verbürgter Königs-, aber zugleich auch von verbürgter Volkstreue: Jahn, Arndt, Boyen, Grolman, vielleicht auch Pfuel. Die werden unsre Fahne hochhalten. Ich wähle Humboldt.«

Diese Rede wurde mit Beifallsgemurmel aufgenommen, und nur der Vorsitzende lächelte. Zu Widerlegungen sah er sich aber nicht gemüßigt, und so fiel mir Ärmsten denn die Aufgabe zu, dem einem allerhöchsten Ziele wild nachjagenden Schulvorsteher in die Zügel zu fallen. Sehr gegen meine Neigung. Ich war aber über dies öde wichtigtuerische Papelwerk aufrichtig indigniert und bemerkte dementsprechend mit einer gewissen übermütigen Emphase, »daß uns hier nicht zubestimmt sei, für die Hohenzollern oder für die Freiheit direkt Sorge zu tragen, sondern daß wir hier in der Gotteswelt weiter nichts zu tun hätten, als in unsrer Eigenschaft als bescheidene Urwähler einen bescheidenen Wahlmann zu wählen. All das andre käme nachher erst; da sei dann der Augenblick da, Preußen nach rechts oder nach links zu leiten. Hoffentlich nach links. Ich müßte deshalb auch darauf verzichten, Alexander von Humboldt an dieser Stelle meine Stimme zu geben und wäre vielmehr für meinen Nachbar Bäcker Roesike, von dem ich wüßte, daß er ein allgemein geachteter Mann sei und in der ganzen Gegend die besten Semmeln hätte.«

Da zufällig kein andrer Bäcker zugegen war, so war man mit meinem Vorschlag allgemein einverstanden; aber Roesike selbst, allem Ehrgeiz fremd, wollte von seiner Wahl nichts wissen, schlug vielmehr in verbindlicher Revanche *mich* vor, und als wir zehn Minuten später das Wahllokal verließen, war ich in der Tat *Wahlmann.*

Dies war mein Debüt auf dem Wollboden, zugleich erstes und letztes Auftreten als Politiker.

Am Abend ebendieses Tages ging ich nach Bethanien hinaus, um dort dem Pastor Schultz, mit dem ich, trotz weitgehendster politischer und kirchlicher Gegensätze, befreundet war, einen Besuch zu machen. Als ich draußen ankam, sah ich an den im Vorflur an verschiedenen Riegeln und Haken hängenden Hüten und Sommerüberziehern, daß drinnen im Schultzschen Wohnzimmer Besuch sein müsse. Das war mir nicht angenehm. Aber was half es, und so trat ich denn ein. Um einen großen runden Tisch herum saßen sechs oder sieben Herren, lauter Pommersche von Adel, unter ihnen ein Senfft-Pilsach, ein Kleist, ein Dewitz. Aus ein paar Worten, die gerade fielen, als ich eintrat, konnt' ich unschwer heraushören, daß man über die Wahlen sprach und sich darüber mokierte. Schultz, sonst ein sehr ernster Mann – zu ernst –, war der ausgelassenste von allen, und als er mich von der Tür her meine Verbeugung gegen die Herren machen sah, rief er mir übermütig zu: »Was führt dich her! Du bist am Ende Wahlmann geworden.«

Ich nickte.

»Natürlich. So siehst du auch gerade aus.«

Alles lachte, und ich hielt es für das klügste, mit einzustimmen, trotzdem ich, ein bißchen ingrimmig in meiner Seele, das eitle Gefühl hatte: »Lieber Schultz, mit *dir* nehm ich es auch noch auf.«

Fünftes Kapitel - Nachspiel. Berlin im Mai und Juni 48

Ich habe, voraufgehend, von meiner Wahlmannschaft und einer gleichzeitigen oratorischen Leistung auf dem in der Neuen Königsstraße gelegenen Wollboden als von meinem »ersten und letzten Auftreten als Politiker« gesprochen. Es war das auch im wesentlichen richtig. Ich habe jedoch hinzuzufügen, daß diesem »ersten und letzten Auftreten« noch ein mit zur Sache gehöriges *Nachspiel* folgte. Dies Nachspiel waren die Wahlmännerversammlungen behufs Wahl eines Abgeordneten. Auf dem Wollboden in der Neuen Königsstraße war ich gewählt *worden,* im Konzertsaale des Königlichen Schauspielhauses, wo die Wahlmännerversammlungen stattfanden, *hatte* ich zu wählen oder mich wenigstens an den Beratungen zu beteiligen. Das tat ich denn auch, und ich zähle die Stunden, in denen diese Beratungen stattfanden, zu meinen allerglücklichsten. Es war alles voll Leben und Interesse, wenn auch, aufs eigentlich Politische hin angesehen, jeder moderne Parlamentarier sich schaudernd davon abwenden würde. Gerade von den besten Männern wurden Dinge gesprochen, die kaum in irgendwelcher Beziehung zu dem dort zu Verhandelnden standen, aber so sonderbar und oft das Komische streifend diese spontan abgegebenen und sehr »in die Fichten« gehenden Schüsse wirkten, so war doch in diesen dilettantischen Expektorationen immer »was drin«. So sprach einmal der alte General *Reyher* – Chef des Großen Generalstabes und Vorgänger Moltkes, welcher letztere sich später oft dankbar zu diesem seinen Lehrer bekannt hat – und legte ganz kurz ein politisches, mit Rücksicht auf die Dinge, zu deren Erledigung wir versammelt waren, völlig zweckloses Glaubensbekenntnis ab. Es machte aber doch einen großen Eindruck auf mich, einen alten würdigen General sich freimütig zu seinem König und zur Armee bekennen zu hören. Denn von derlei Dingen hörte man damals wenig. Und dann, ich glaube, es war an demselben Tage, schritt der alte *Jacob Grimm* auf das Podium zu, der wundervolle Charakterkopf – ähnlich wie der Kopf Mommsens sich dem Gedächtnis einprägend – von langem, schneeweißem Haar umleuchtet, und sprach irgend etwas von Deutschland, etwas ganz Allgemeines, das ihm, in jeder richtigen politischen Versammlung, den Ruf: »Zur Sache« eingetragen haben würde. Dieser Ruf unterblieb aber, denn jeder war betroffen und gerührt von dem Anblick und fühlte, wie weitab das alles auch liegen mochte, daß man ihm folgen müsse, wollend oder nicht.

Das waren so zwei glänzende, mir durch alle Zeit hin in Erinnerung gebliebene Gestalten, während die meisten freilich nur Schwätzer und Nullen waren, ein paar auch sogar Hochstapler. Ich kenne noch ganz gut ihre Namen, aber ich werde mich hüten, sie hier zu nennen.

Wie lange diese Sitzungen dauerten, weiß ich nicht mehr; ich weiß nur, daß alles, was ich erlebte, mich tagtäglich beglückte: der schöne Saal, das herrliche Wetter – wie's ein Hohenzollernwetter gibt, so gibt es auch ein Revolutionswetter –, der Verkehr, das Geplauder. Eine Befangenheit, zu der ich sonst wohl neige, kam nicht auf, weil niemand da war – selbst die Besten mit eingerechnet, denen dann eben wieder das Politische fehlte –, der mir hätte imponieren können. Von meiner Unausreichendheit, meinem Nichtwissen tief durchdrungen, sah ich doch deutlich, daß, kaum zu glauben, das Nichtwissen der andern womöglich noch größer war als das meinige. So war ich bescheiden und unbescheiden zugleich.

Eines Tages, als ich aus einer dieser immer den halben Tag wegnehmenden Sitzungen nach meiner Neuen Königsstraße zurückkehrte, fand ich daselbst ein Billet vor, dessen Aufschrift ich rasch entnahm, daß es von meinem Freunde, dem schon im vorigen Kapitel genannten Pastor Schultz in Bethanien, herrühren müsse. So war es denn auch. Er fragte ganz kurz bei mir an, ob ich vielleicht bereit sei, die phar mazeutisch-wissenschaftliche Ausbildung zweier bethanischer Schwestern zu übernehmen, da man gewillt sei, den bethanischen Apothekendienst in die Hände von Diakonissinnen zu legen. Im Falle dieser sein Antrag mir passe, wär' es erwünscht, wenn ich baldmöglichst in die betreffende Stellung einträte. Das war eine ungeheure Freude. Auskömmliches Gehalt, freie Wohnung und Verpflegung, alles wurde mir geboten, und ich antwortete, daß ich nicht nur dankbarst akzeptierte, sondern auch der Hoffnung lebte, mich aus meiner gegenwärtigen Stellung sehr bald loslösen zu können. Gleich am andern Morgen trug ich dementsprechend mein Anliegen meiner Prinzipalität vor und begegnete keiner Schwierigkeit. Eigentlich war man wohl froh, und auch mit Recht, mich loszuwerden, denn solchen »Politiker« um sich zu haben, der jeden Tag ins Schauspielhaus lief, um dort pro patria zu beraten, und bei dem außerdem noch die Möglichkeit einer plötzlichen Verbrüderung mit dem Blusenmann Siegerist nicht ausgeschlossen schien, hatte was Bedrückliches, ganz abgesehn von den nächstliegenden geschäftlichen Unbequemlichkeiten, die mein beständiges »Sich-auf-Urlaub-Befinden« mit sich brachte.

So kam es denn, daß ich schon im Juni höchst vergnüglich nach Bethanien hin übersiedelte, nur ein ganz klein wenig bedrückt durch die Vorstellung, daß mir vielleicht ein »Singen in einem höheren Ton« dort zugemutet werden könnte. Sonderbarerweise aber hat es sich für mich immer so getroffen, daß ich unter Muckern, Orthodoxen und Pietisten, desgleichen auch unter Adligen von der junkerlichsten Observanz meine angenehmsten Tage verlebt habe. Jedenfalls keine unangenehmen.

In Bethanien

Erstes Kapitel - Bethanien und seine Leute

Ich war nun also in Bethanien eingerückt und hatte in einem der unmittelbar daneben gelegenen kleineren Häuser eine Wohnung bezogen. In ebendiesem Hause, dem Ärztehause, waren drei Doktoren einquartiert: in der Beletage der dirigierende Arzt Geheimrat Dr. Bartels, in den Parterreräumen einerseits Dr. Wald, andrerseits Dr. Wilms. Zwei von des letzteren Wohnung abgetrennte Zimmer mit Blick auf Hof und Garten bildeten meine Behausung. Bartels und Wald waren verheiratet, was einen Verkehr zwar nicht ausschloß, aber doch erschwerte, Wilms und ich dagegen trafen uns tagtäglich beim Mittagessen, das wir gemeinschaftlich mit einem ebenfalls unverheirateten bethanischen Inspektor in dessen im »Großen Hause« gelegenen Zimmer einnahmen. Drei Junggesellen: Wilms sechsundzwanzig, ich achtundzwanzig, der Inspektor einige dreißig. Das hätte nun reizend sein können. Es war aber eigentlich langweilig. Wilms war immer etwas gereizt, teils weil ihn das Pastor Schultzische Papsttum direkt verdroß, teils weil ihn die Haltung der beiden ihm vorgesetzten Ärzte, das mindeste zu sagen, nicht recht befriedigte. Dazu kam auch wohl noch die Vorahnung beziehentlich Gewißheit, daß er *die,* denen er sich jetzt unterstellt sah, sehr bald überflügeln würde. Dem nachzuhängen wäre nun gewiß sein gutes und für mich unter allen Umständen sehr unterhaltliches Recht gewesen, aber weil er bei seinen großen Vorzügen – seine größte Eigenschaft, fast noch über das Ärztliche hinaus, war seine Humanität – doch eigentlich was Philiströses hatte, so verstand er es nicht, seinen Unmut grotesk-amüsant zu inszenieren. Er hatte keine Spur von Witz und Humor und entbehrte alles geistig Drüberstehenden. Er wurde nur groß, wenn er das Seziermesser in die Hand nahm.

So Wilms. Er war nicht interessant. Aber das war freilich auch das einzige, was sich gegen ihn sagen ließ, während es mit dem Inspektor auf manch ernsterem Gebiete bedenklich stand. Er hatte das rosige, gut rasierte Glattgesicht der Frommen, dazu auch die verbindlichen Manieren, deren sich diese zwar nicht immer, aber doch meist befleißigen. Insoweit wär' es also mit ihm sehr gut auszuhalten gewesen. Aber er war ein Scheinheiliger comme-il-faut – Gott sei Dank der einzige, den ich in Bethanien kennengelernt habe –, und wenn er mit feinem Ohr hörte, daß spät am Abend noch die Oberin, Gräfin Rantzau, auf sei nem Korridor erschien, um vor Nachtzeit noch einmal das Haus abzupatrouillieren, so begann er in seinem Zimmer auf und ab zu rutschen und Gott mit erhobener Stimme anzurufen, ihm seine Sünden zu verzeihen und wieder in Gnaden anzunehmen. Ob die Gräfin in diese Falle ging, weiß ich nicht; ich glaub' es aber kaum, denn sie war klug und kannte die Menschen.

Übrigens medisierten Wilms und ich, ich natürlich voran, bei unsren gemeinsam eingenommenen Mahlzeiten mit nie aussetzender Regelmäßigkeit und erzählten uns die bedenklichsten Geschichten, bei denen sich das Gesicht des Inspektors immer verklärte. Weiter ging er aber nicht. Er selber stimmte nicht ein, begnügte sich vielmehr, das eben Gehörte nach Spitzelart weiter zu melden. Solche Gestalten sind jetzt im Verschwinden; er vertrat noch ganz den alten Komödiantentartüff, den man schon merkt, noch eh er um die Ecke gebogen. Die heutigen sind viel gefährlicher, weil sie gröber auftreten. Und Grobheit gilt nun mal für gleichbedeutend mit Rechtschaffenheit und Wahrheit. Grobheit hat etwas Sakrosanktes. Aber zurück zu unsrem Inspektor! Er ist mir durch manche wunderliche Szene noch lebhaft in Erinnerung, am meisten durch einen »Refus«, zu dem er freilich, einem vorhandenen Reglement entsprechend, nicht bloß berechtigt, sondern sogar gezwungen war, was nicht ausschließt, daß er diesem Reglement auch *gern* gehorchte. Dafür sorgte seine kleinliche Natur. Und so kam es denn, daß er, als ich meine zwei Zimmer einrichten wollte, gegen jede die Wandfläche schädigende Handlung, also ganz besonders gegen jeden *einzuschlagenden Nagel* feierlich Protest einlegte, sich dabei auf den »Herrn Baurat« berufend, der dergleichen verboten und jedes neue Nageleinschlagen von seiner vorgängigen Erlaubnis abhängig gemacht habe. Wir alle: Dr. Wald, Wilms und ich, wahrscheinlich auch die andern Bewohner des Hauses, waren über diesen ungeheuren Blödsinn dermaßen empört, daß wir höheren Orts anfragten, »ob sich das wirklich so verhalte«. Worauf man uns achselzuckend mitteilte: »Ja, das sei so.« Ganz neuerdings ist mir ein Akt ähnlich ridiküler Baumeistertyrannei zur Kenntnis gekommen, so daß also derlei Dinge nicht Spleen oder Anmaßung eines einzelnen, sondern, namentlich bei Staats- und öffentlichen Bauten, ein gut preußisches Herkommen zu sein scheinen. Ich schicke dabei voraus, daß ich ein Baumeisterschwärmer bin, etwa wie die meisten Menschen Oberförsterschwärmer zu sein pflegen. Einzelne Berufe sind eben bevorzugt. Aber das mit dem nicht »einzuschlagenden Nagel« oder gar – wie in dem zweiten Falle – das Verbot eines an einer höchst fragwürdigen Kasernenbaufront anzubringenden Fensterladens ist mir denn doch zuviel gewesen. Da spricht man immer von Maleranmaßung, wenn irgendwo ein unglücklicher Pittore glaubt, sich gegen eine von Pater familias gewünschte Farbenungeheuerlichkeit auflehnen zu müssen, oder man eifert auch wohl gegen den Eigensinn und Dünkel eines armen Tragödienschreibers, der zwei Menschen, die, seiner Meinung nach, sterben müssen, nicht in der Matthäikirche trauen lassen will. Aber was wollen diese sogenannten Maler- und Dichtereigensinnigkeiten sagen gegen diesen Architektenhochmut, der mir das Anbringen eines mich leidlich gegen Blendung schützenden Fensterladens verbieten und mich, vielleicht auf ein Menschenalter hin, zum Schmoren in der Nachmittagssonne verurteilen will.

Bethanien war eine Schöpfung Friedrich Wilhelms IV., der diesem Diakonissenhause, von Beginn seiner Regierung an, seine ganz besondere Liebe zugewandt hatte. 1845 wurde der Grundstein gelegt und 1847 die Anstalt eröffnet. An der Spitze stand, wie schon hervorgehoben, die Gräfin Rantzau. Hier ihres Amtes zu walten, war damals eine sehr schwierige Aufgabe, die viel Takt erheischte. Denn die Berliner Bevölkerung wollte von dem ganzen auf protestantischer und, wie mancher fürchtete, vielleicht sogar auf katholischer Kirchlichkeit aufgebauten Krankenhause nicht viel wissen. Der Gräfin lag es also, neben andrem, ob, die ziemlich widerwillige öffentliche Meinung mit Bethanien zu versöhnen. Sie vermied dementsprechend alle Friktionen, und wenn es mir auch gewiß ist, daß spätere Oberinnen ihr nicht nur an kirchlicher Dezidiertheit, sondern namentlich auch an Rührigkeit und Rüstigkeit – sie war von Anfang an sehr krank, starb auch früh – überlegen gewesen sind, so möcht' ich doch behaupten dürfen, daß sie die zu solcher Stellung wünschenswerten Eigenschaften in ganz besonders hohem Maße besessen habe. Der König, als er sie wählte, zeigte auch darin wieder seine feine Fühlung.

Soviel über die Gräfin. Ihr erster Minister war Pastor *Schultz*, einer der Bestgehaßten jener Zeit. Aber auch bei ihm durft' es heißen: »Viel Feind', viel Ehr'.« Er gehörte ganz in die Reihe der unter Friedrich Wilhelm IV. einflußreichen und oft maßgebenden Persönlichkeiten, und was von den Gerlachs, von Hengstenberg und zum Teil auch wohl von Büchsel – der freilich, im Gegensatz zu den andern, sich durch seinen Humor immer einer gewissen Volkstümlichkeit erfreute – galt, das galt auch von dem bethanischen Pastor Schultz. Er war herb und hart, herrschsüchtig, ehrgeizig und von der Anschauung durchdrungen, daß man die Welt mit Bibelkapiteln – unter allen Regierungsformen die furchtbarste – regieren könne, daneben aber doch auch von Eigenschaften, denen selbst der Feind den Respekt nicht versagen konnte. Das Leben war für ihn nicht zum Spaße da; Leben hieß kämpfen, und in ascetisch strenger Erfüllung seiner Pflichten jeden Kampf mutig aufnehmend, sei's mit den Rammarbeitern draußen am Kanal, sei's mit hohen Vorgesetzten, so hat er seine Tage verbracht und ist unter Schmerz und Qualen – unter denen auch Zweifel waren, die ich ihm besonders hoch anrechne – wie ein tapferer Streiter gestorben. Er war nicht mein Geschmack, aber ein Gegenstand meiner Hochachtung.

Was mir sein Wohlwollen eintrug, weiß ich nicht recht. Er war mit meiner Familie liiert und namentlich meiner Mutter, die große Stücke von ihm hielt, in besonderer Liebe zugetan. Aber solche Erbgefühle halten nie recht vor, und wenn man einem Menschen andauernd Liebe bezeigen soll, so muß noch etwas hinzukommen, was in der *Person* dieses Menschen liegt oder mit ihm zusammenhängt. Ich vermute, daß es, neben manchem Geringfügigeren, eine gewisse Beobachtungslust war, was mir des sonst so strengen Pastors sich immer gleichbleibende freundliche Gesinnungen eintrug. Er hatte sich meine Person ausgesucht, um an mir Studien über den natürlichen Menschen zu machen, etwa wie man gegnerische Bücher liest, nicht um sich zu bekehren, daran denkt niemand, sondern um Kenntnis zu nehmen. Die Naivität, mit der ich über Kirchliches und Politisches mich aus sprach, amüsierte ihn zunächst, aber er ließ es, weil er meiner Ehrlichkeit traute, bei diesem Amüsement keineswegs bewenden, sondern sagte sich: »Ja, wenn *der so* spricht, so muß wohl ein Restchen von Richtigem drin sein.« Natürlich änderte das nichts an und in ihm. Aber er war gescheit genug, um jede aufrichtige Meinung, richtig oder falsch, klug oder dumm, der Betrachtung wert zu halten.

Er hatte – alles tanzte nach seiner Pfeife – großen Einfluß nicht bloß als dirigierender Minister im Hause, sondern auch nach außen hin in der kirchlichen und zugleich vornehmen Welt, so beispielsweise bei den Stolbergs. Aber sonderbarerweise galt er durchaus nicht für einen »Mann von Gaben«, auch bei seinen größten Verehrern nicht, die nur seinen Charakter und seine Bekenntnisstrenge betonten. Dies war aber, wenn ich in solchen Dingen mitsprechen darf, total falsch. Er hatte keinen abgerundeten und kunstvoll aufgeführten Satzbau, keine Bildersprache, keine geistreichen Vergleiche, keine Antithese, keinen Fluß der Rede, kein donnerndes Organ, nicht einmal gefällige Handbewegungen, aber gerade deshalb sind mir seine Predigten – in denen er nur der *einen* Schwäche huldigte, den einzelnen gern anzupredigen (auch ich kam mal an die Reihe) – vielfach als mustergültig erschienen, als Ausdruck einer schlichten Kunst, die wegen ebendieser Schlichtheit ihm nicht bloß die Herzen der Seinen hätte zuführen müssen, sondern auch ihre literarischen Huldigungen. Das blieb aber aus. Auch die Frommen sind von Äußerlichkeiten viel mehr abhängig, als sie zugeben wollen, und ihr mangelndes ästhetisches Urteil läßt sie nicht einmal zwischen ihren eigenen Leuten richtig unterscheiden. Sehr fromm, das ist die erste Bedingung. Aber ist diese Bedingung erfüllt, so steht ihnen ein frommer Sacher-Masoch höher als ein frommer Goethe.

Als Beweis dafür, daß Schultz, trotz aller Orthodoxie, doch ein sehr feines Kunstverständnis hatte, will ich hier nur noch eins erzählen, das noch in meine ganz jungen Jahre fiel, fünf oder sechs Jahre vor meinem Eintritt in Bethanien. Wir waren gemeinschaftlich auf Landbesuch und schritten in dem Garten des Herrenhauses auf und ab, uns über Herwegh unterhaltend, der damals in seiner »Sünden Maienblüte« stand. Schultz sprach sehr heftig gegen ihn, wollte nichts wissen von »Noch einen Fluch schlepp' ich herbei« und natürlich noch weniger von »Reißt die Kreuze aus der Erden«. Er zuckte die Achseln dazu, fand alles redensartlich und beklagte, daß der König einen solchen Phrasenmacher in Audienz empfangen habe. Dann aber brach er mit einem Male ab, sah mich scharf an und sagte: »Du darfst mich aber nicht mißverstehn. Trotz allem, was ich da eben gesagt habe – *so* was kannst du noch lange nicht.«

Zweites Kapitel - Zwei Diakonissinnen

Meine Übersiedlung in meine neue Stellung fand gerade an dem Nachmittage statt, wo Bürgerwehr und Volk auf dem Köpnicker Felde herumbataillierten, so daß ich – ich war mit einem Male mitten in einer Schützenlinie – unter Flintengeknatter meinen Einzug in Bethanien hielt. Ich hatte von dem Ganzen den Eindruck einer Spielerei gehabt, was es aber doch eigentlich nicht war.

Am andern Vormittage kam Pastor Schultz, um sich bei mir umzusehen und mich dann in mein Amt einzuführen. Wir traten von der Gartenseite her in das »Große Haus« ein und gingen durch die langen Korridore hin auf ein hohes Eckzimmer zu, das als Apotheke eingerichtet war und besonders um seiner Höhe willen einen wundervollen, halb mittelalterlichen Eindruck machte. Hier fanden wir zwei Damen, die eine – ältere – in einen schwarzen Wollstoff, die andere, noch sehr jung, in blau- und weißgestreifte Leinwand gekleidet, beide in zierlichen weißen Häubchen. Die ältere, von einem gewissen Selbstbewußtsein getragen, begnügte sich mit einem kurzen Knicks, während die jüngere, verlegen lächelnd, eine kleine Kopfverbeugung machte.

Schultz gab den Damen die Hand, war überhaupt in bester Stimmung und sagte dann, während er sich zu mir wandte: »Das sind nun also die zwei Schwestern, die du zu regelrechten Pharmazeutinnen heranzubilden haben wirst. Denn sie sollen, wie vorgeschrieben, ein richtiges Examen machen. Tue dein Bestes – *sie* werden gewiß ihr Bestes tun. Übrigens muß ich dir noch ihre Namen nennen: Schwester Emmy Danckwerts, Schwester Aurelie von Platen.«

Und damit ging er und überließ uns unserem Schicksal.

Emmy Danckwerts mochte 35 sein. Sie stammte aus einer bekannten hannöverschen Predigerfamilie, deren Mitglieder, besonders im Lüneburgischen, durch Geschlechter hin ihre Pfarren gehabt hatten und auch heute noch haben. Auf einem Dorfe in der »Heide« war sie geboren und erzogen. Wahrscheinlich gehörte sie zu den, ich glaube, zwölf Schwestern, die von Kaiserswerth her, wo Pastor Fliedner schon seit Jahren einem Diakonissinnenhause vorstand, nach Berlin hin übernommen waren. Es war eine ganz ausgezeichnete Dame: klug, treu, zuverlässig, ein Typus jener wundervollen Mischung von Charakterfestigkeit und Herzensgüte. Durchdrungen von der Pflicht der Unterordnung, war sie zugleich ganz frei. Selbst dem gefürchteten Schultz gegenüber – den wir gewöhnlich »Konrad von Marburg« nannten – bezeigte sie sich voll Mut, immer wissend, wie weit auch ihr ein Recht zur Seite stünde. Dabei ganz Hannoveranerin, in allen Vorzügen, freilich auch in bestimmten kleinen Schwächen. Unter den vielen klugen und charaktervollen Damen, die ich das Glück gehabt habe in meinem Leben kennenzulernen, steht sie mit in erster Reihe. Während ich den Lehrer spielen sollte, habe ich viel im Umgange mit ihr gelernt. Sie war hervorragend.

Die jüngere Dame, Fräulein Aurelie von Platen, war das Widerspiel der älteren und nur darin ihr gleich, daß sie einen völlig andern Frauentypus in gleicher Vollkommenheit vertrat. Sie war, wenn nicht sehr hübsch, so doch sehr anmutig, ganz weiblich, und glich in ihrem schlichten rotblonden Haar und den großen Kinderaugen einem aus dem Rahmen herausgetretenen Präraffaelitenbilde. Was Schwester Emmy durch Geist und Energie zwang, erreichte Schwester Aurelie durch stillere Gaben. Auch in diesen stilleren Gaben, wie in aller Liebe, lag etwas Zwingendes, und so ist es denn gekommen, daß beide Damen auf der Diakonissinnenleiter hoch emporgestiegen sind. Beide wurden Oberinnen. Aurelie von Platen lebt noch als Oberin zu Sonnenburg. Sie gehörte übrigens nicht zu den hannöverschen Platens, sondern zu den ostpreußischen.

An dem ersten Begegnungstage kam es noch zu keiner »Wissenschaftlichkeit«, vielmehr wurde nur festgesetzt, daß die Stunden am nächsten Nachmittag beginnen sollten. Und zur festgesetzten Zeit erschien ich denn auch, ein beliebiges Buch in der Hand, drin ich einen kleinen Zettel, mit ein paar Notizen darauf, eingelegt hatte. Diese Notizen enthielten mein Programm, nach dem ich vorhatte, zunächst von Pharmakologie zu sprechen und daran anschließend, und zwar am ausgiebigsten, von Chemie. Botanik sollte bloß gestreift, Mineralogie noch leiser berührt werden. Physik fiel aus guten Gründen aus.

Es ging alles ganz vorzüglich, was an dem guten Willen und der großen Gelehrigkeit meiner zwei Schülerinnen lag. Aber ein bestimmtes Verdienst kann ich mir doch auch selber zuschreiben, und zwar *das* Verdienst, daß ich selber so wenig wußte. Das ist in solchem Falle, wie der meinige war, immer ein großer Segen. Je weniger man weiß, je leichter ist es, das, was man zu sagen hat, in Ordnung und Übersichtlichkeit zu sagen. Und darauf allein kommt es an. Natürlich ist durch eine so simple Prozedur kein Gelehrter heranzubilden, aber für Anfänger, bei denen es doch nur auf Introduktion und Orientierung ankommen kann, ist das Operieren mit einem ganz kleinen, aber übersichtlich angeordneten Material das beste. Das Ende krönte denn auch das Werk; beide Damen bestanden ein Jahr später nicht nur das Examen vor einer eigens dazu berufenen Kommission, sondern Emmy Danckwerts war auch geradezu das Staunen der Examinatoren. Sie verdankte das zu Neunzehnteln sich selbst, aber ich hatte sie doch auf den rechten Weg gebracht und vor allem alles vermieden, was sie hätte langweilen und abschrecken können.

Meine Vortragsweise, wenn ich meiner Art zu sprechen diesen Namen geben durfte, war die plauderhafte, drin das Wissenschaftliche nur so nebenherlief, während ich beständig Anekdoten und kleine Geschichten erzählte. So beispielsweise beim Sauerstoff, mit dem ich anfing. Ich berichtete von seiner Entdeckung und daß er beinah gleichzeitig von drei Nationen, und wenn man den in Schwedisch-Pommern lebenden Scheele als Vertreter von Schweden *und* Deutschland gelten lassen wolle, sogar von *vier* Nationen entdeckt worden sei.

Dann fing ich an hervorzuheben, daß am Sauerstoff immer das Leben hinge. Schon gleich nach seiner Entdeckung habe man das auch gewußt, und als König Friedrich Wilhelm II. in seinem wassersüchtigen Zustande vielfach von Erstickung bedroht gewesen sei, da habe man ihm allabendlich ein paar mit Sauerstoff gefüllte Schwimmblasen ans Bett gelegt, und immer, wenn die Atemnot am größten gewesen, hab' er sich mit Hülfe des Sauerstoffs eine Linderung verschaffen und wieder leichter aufatmen können. Noch jetzt, wenn durch Grubengas vergiftete Arbeiter aus den Pariser Katakomben wie tot heraufgebracht würden, bringe man sie mit Sauerstoff wieder zum Leben, und ebenso würden Scheintote durch in die Lunge gepumpten Sauerstoff wieder in Ordnung gebracht. In dieser Weise ging das auf jedem Gebiet. Beim Wasserstoff, nachdem ich ihn hergestellt und zum Ergötzen meiner Schülerinnen verpufft hatte, kam ich schnell auf die Luftballons und gab ein halbes Dutzend Aeronautengeschichten mit fabelhaften Gefahren und noch fabelhafteren Rettungen zum besten, und wenn ich im weiteren Verlauf meiner Vorträge die Kohlenwasserstoffgase glücklich erreicht hatte, ging ich rasch zu den Kohlenbergwerken über und erzählte eine halbe Stunde lang Schreckensgeschichten von den schlagenden Wettern und von der sogenannten »Sicherheitslampe«, die eigentlich eine Unsicherheitslampe sei, weil der bodenlose Leichtsinn der Bergleute mehr Gefahr dadurch heraufbeschwöre als beseitige. Wenn ich Kleines mit Großem vergleichen darf, so verfuhr ich etwa so, wie zwanzig oder dreißig Jahre später Huxley in seinen öffentlichen Vorlesungen über derlei Dinge verfuhr. Es wiederholt sich immer wieder, daß die höchste und die niedrigste Wissenschaft denselben spielerischen Weg einschlagen, der Meister, weil er *will*, der Stümper, weil er *muß*.

Das Zimmer, worin diese Vorträge stattfanden, war das neben der Apotheke gelegene Wohnzimmer Emmy Danckwerts und bezeigte durch seine ganze Einrichtung, daß seine Bewohnerin eine exzeptionelle Stellung einnahm. In verschiedenen Truhen und Wandschränken war nicht bloß der Inhalt einer Speisekammer, sondern auch eine ganze Wirtschaftseinrichtung untergebracht, und mit Hülfe des einen und des andern übte die Diakonissin hier eine großartige Hospitalität. Ich war ihr Lehrer, aber vor allem auch ihr Gast. Während ich sprach und sie zuhörte, machte sie zugleich die Wirtin, und ich wurde, wie wenn ich ihr Besuch im Pfarrhaus auf der Lüneburger Heide gewesen wäre, mit Kaffee, Butter und Honig bewirtet oder an heißen Tagen auch mit Erdbeeren, Selterswasser und Wein. Sie bestritt das alles aus ihren privaten Mitteln, nur um sich und mir die Freude dieser Gastlichkeit zu gönnen. Und dann unterbrachen wir Lektionsplan und Stundenvorschrift und plauderten eine halbe Stunde lang über Dinge, die mit Chemie herzlich wenig zu schaffen hatten, und ließen dabei unsere Umgebung bez. unsere Vorgesetzten Revue passieren, erst die Ärzte, dann den Inspektor – über dessen Frömmigkeit wir gemeinschaftlich lachten – und verstiegen uns auch wohl zur Oberin, ja bis zu »Konrad von Marburg«. Alles natürlich sehr vorsichtig. Meine

Partnerin war außerordentlich fein geschult, und jeder wird an sich selber die Erfahrung gemacht haben, daß der feine Ton andrer auch seiner eignen Sprechweise zugute kommt.

Ohne solche Führung war ich immer ziemlich unvorsichtig.

Drittes Kapitel - Wie mir die bethanischen Tage vergingen

Mein Leben mit den zwei Diakonissinnen war ein Idyll, wie's nicht schöner gedacht werden konnte: Friede, Freundlichkeit, Freudigkeit. In ruhigen Tagen, soviel muß ich zugestehen, wär' es mir des Idylls vielleicht zuviel geworden, aber daran war in der Zeit vom Sommer 48 bis Herbst 49 gar nicht zu denken, und was Th. Storm in einem seiner schönsten Gedichte von seinem Kätner auf der schleswig-holsteinischen Heide singt:

Kein Ton der aufgeregten Zeit

Drang noch in seine Einsamkeit

– das war so ziemlich das letzte, was von meinem damaligen Leben gesagt werden konnte. Rings um mich her erklang beinah unausgesetzt der »Ton der aufgeregten Zeit«. Wie schon erzählt, gleich am Tage meines Einzugs in Bethanien, bataillierte die Bürgerwehr auf dem Köpnicker Felde, dann stürmte das Volk das Zeughaus, und dazwischen hieß es abwechselnd: »Die Russen kommen« und dann wieder: »Die Polen kommen«. Ersteres war gleichbedeutend mit Hereinbrechen der Barbarei, letzteres mit Etablierung der Freiheit. Dann erschien allerdings Wrangel, und ein paar stillere Monate folgten; aber mit dem Frühjahr war auch der Lärm wieder da: Dresden hatte seinen Maiaufstand, in Paris tobte die Junischlacht, und in Baden unterlag die Sache der Aufständischen erst nach mühsamlichen Kämpfen. Es gab kaum einen in ruhiger Alltäglichkeit verlaufenden Tag, und dies Widerspiel von Lärm da draußen und tiefster Stille um mich her gab meinem bethanischen Leben einen ganz besondern Reiz. Zugleich unternahm ich es bei bestimmter Gelegenheit, zwischen diesen Gegensätzen zu vermitteln oder richtiger Schritte zu tun, als ob diese Gegensätze gar nicht vorhanden wären. Daß ich mich dabei durch Bonsens und Takt ausgezeichnet hätte, kann ich leider nicht sagen. Ich las eines Morgens in einer Zeitung, daß eine »Tagung der äußersten Linken« geplant würde, für die Berlin als Versammlungsort ausersehen sei. Besonders vom Rheinland her, so hieß es weiter, seien für diese Versammlung bereits Anmeldungen eingetroffen, und zwar in so großer Zahl, daß man, behufs gastlicher Unterbringung derselben, um Adressen bäte. Das gefiel mir außerordentlich, und weil ich über ein freies Zimmer verfügte, so schrieb ich nicht bloß, mich ganz allgemein zur Verfügung stellend, an das Komitee, sondern bat mir auch im speziellen Ferdinand Freiligrath als wünschenswertesten Gast aus. Ich erhielt glücklicherweise keine Antwort. Das Komitee war klüger als ich und begriff den Unsinn, einen blutroten Revolutionär –

der Freiligrath damals wenigstens war – ganz gemütlich in Bethanien einquartieren zu wollen. Was ich mir dabei gedacht, ist mir noch nachträglich ganz unerfindlich. Alles in allem ein Musterstück unzulässigster Poetennaivität.

Inmitten dieses Treibens war ich auch literarisch tätig, und zwar mit ganz besondrer Lust und Liebe. Was kaum wundernehmen durfte. Denn zum erstenmal in meinem Leben stand mir so was wie volle Muße zur Verfügung; ich brauchte mir die Stunden nicht abzustehlen und war in ungetrübter Stimmung, was fast noch mehr bedeutet als Muße. Mancherlei, was ich bald danach herausgab, ist in jenen bethanischen Tagen entstanden, auch eine meiner bekannteren und vielfach in Anthologien abgedruckten Balladen, die den Titel »Schloß Eger« führt und das Massacre der Wallensteinschen Feldobersten Illo, Terzky und Kinsky schildert. Es ist das einzige meiner Gedichte, das ich in wenigen Minuten aufs Papier geworfen habe, buchstäblich stante pede. Beim Ankleiden überkam es mich plötzlich, und einen Stiefel am Bein, den andern in der linken Hand, sprang ich auf und schrieb das Gedicht in einem Zuge nieder. Habe auch später nichts daran geändert. Als ich es tags darauf im Tunnel vorlas, sagte Friedrich Eggers: »Ja, das ist ganz gut, aber doch eigentlich nur Kulissenmalerei«, wofür ich mich bei ihm bedankte«, hinzusetzend, seine halb tadelnde Bemerkung sei durchaus richtig, aber dergleichen müsse auch ganz einfach mit einem großen Pinsel heruntergestrichen werden. Derselben Meinung bin ich auch heute noch.

Über das Leben, das ich all die Zeit über mit Wilms führte, nicht intim, aber doch voll aparter Züge, spräche ich gern, versage mir's aber und beschränke mich darauf, eine ganz bestimmte Szene zu schildern, an der Wilms teilnahm und die wie manches andere, was ich in voraufgehenden Kapiteln erzählt habe, als ein Beweis dafür gelten mag, wie überall da, wo strenge Ordnungen herrschen, ein gewisser natürlicher Zug in den Menschen lebt, diese Ordnungen zu durchbrechen, nicht aus großer Veranlassung, sondern umgekehrt aus einem kleinen, ganz untergeordneten Hazardiertrieb und ein wenig auch wohl aus der jugendlichen Lust, sich über den Ernst des Lebens zu mokieren.

Es war in den ersten Januartagen 1849, und ich hatte vor, zur Nachfeier meines am Schluß des Jahres stattgehabten Geburtstages eine kleine Gesellschaft zu geben; zwei Tunnel-Freunde waren geladen, außer ihnen aber sollten auch Wilms und der Inspektor und ein Leutnant von Karger, der als Kranker in Bethanien war, an der Festlichkeit teilnehmen. Leutnant von Karger war ein sehr charmanter junger Herr, der sich in einer kalten Manövernacht einen bei schon vorhandener Nervenschwäche nur allzugut gediehenen Kolossalrheumatismus angeeignet hatte und nun bereits monatelang in Wilms' und der andern Ärzte Behandlung war. Er humpelte ganz vergnüglich im Hause umher, sagte jedem Verbindliches und wurde beinah mehr als Gast wie als Kranker angesehn. Er war aber wirklich krank. Daß er in den Künsten dilettierte, braucht kaum noch versichert zu werden. Was im übrigen meine Festlichkeit anging, so war, neben dem, was ich aus der bethanischen Küche bezog, außerdem noch durch Ankauf von Datteln, Marzipan und Pfannkuchen ausgiebig gesorgt worden. Auf einem Tisch mit Steinplatte stand des weiteren ein Kohlenbecken mit einem Kessel darin, also etwas Samowarartiges. Es handelte sich aber durchaus nicht um Tee, sondern um einen festen Grog, und als dieser endlich hergestellt war, war auch das Eis gebrochen, das bis dahin den freien Gang der Unterhaltung gehindert hatte. Der Inspektor wurde mehr und mehr Mensch, Wilms, eigentlich steif und zugeknöpft, war gar nicht mehr er selbst, und Karger und ich brauchten nicht erst animiert zu werden. Dasselbe galt von den zwei Tunnel-Freunden. Einen Augenblick kam sogar die Frage zur Erwägung, ob nicht vielleicht gesungen werden dürfe. Wir entschieden uns aber dagegen, besser sei besser. Was wir uns übrigens im Gesang versagten, wurde durch immer gewagter werdende Geschichten ausgeglichen. Und so plauderten wir uns denn glücklich über Mitternacht hinaus. Als Sprechlustigster geberdete sich, in seiner Eigenschaft als Nervenkranker, natürlich unser Leutnant, und weil er im Trinken und Sprechen seiner Krankheit ganz vergaß, war ein schließlicher Rückschlag unvermeidlich. Mit einem Male schwieg er. Der Kopf fiel ihm nach vorn auf die Brust, die Unterkinnlade klappte weg, und der Inspektor und ich kriegten einen Todesschreck, bis uns Wilms beruhigte. »Die Sache habe weiter nichts auf sich; wir müßten ihn freilich sobald wie möglich ins Bett schaffen.« Ja, »ins Bett schaffen«, das war leicht gesagt. Aber wie, wie? Kargers Krankenzimmer lag im »Großen Hause«, ganz hinten im nördlichen Flügel, und der Weg dahin war eine kleine Reise. Dabei zeigte sich's, als wir ihn aufrichteten, daß an Gehen seinerseits gar nicht zu denken war, auch wenn wir ihn von links und rechts her untergefaßt hätten. Eine ganz fatale Geschichte! Nach einiger Beratung stand uns fest, er müsse wohl oder übel *hinübergetragen* werden, aber um Gottes willen nicht den Hochparterrekorridor entlang, weil da die Wohnzimmer der Oberin lagen, sondern durch die darunterhin laufenden Gänge des Souterrains und dann eine Stiege hinauf, die dicht vor Kargers Zimmer einmündete.

Wir packten ihn also, so gut es ging, der Inspektor und Wilms oben an den Schultern, ich an den beiden Beinen, und so setzten wir uns in Bewegung, erst über ein Stück Hof hin und dann in die Kellerräume hinein. Alles dunkelte hier, bloß am andern Ende flimmerte was. »Nur zu«, rief ich, weil das Schweigen unheimlich war. Aber schon im nächsten Augenblick stoppten wir wieder, und der Inspektor beugte sein Ohr und horchte. Gott sei Dank, es war nichts, eine Sinnestäuschung, und so setzte sich unser Kondukt wieder in Bewegung. Immer gradaus auf das Licht zu. Fünf Minuten später stiegen wir die letzte Stiege hinauf, und gleich danach lag Karger in seinem Bett. Wir aber schlichen uns in großen Abständen einzeln wieder zurück, weil wir instinktmäßig davon ausgingen, daß ein Angetroffenwerden zu dritt immer was Verschwörermäßiges habe.

52

Den andern Tag, als wir uns wie gewöhnlich bei Tische trafen, herrschte zunächst ein ängstlich bedrücktes Schweigen, keiner wollte mit der Sprache heraus. Zuletzt aber nahm ich des Inspektors Hand und sagte: »Sagen Sie, Inspektor, warum horchten Sie denn so auf?«

»Ja, es war mir so ...«

»Was denn?«

»... Ja, sie kann nachts oft nicht recht schlafen. Und dann geht sie um, erst die Korridore lang und dann unten im Souterrain. Und ich dachte ...«

Im Hafen

Erstes Kapitel - Mein erstes Jahr als Schriftsteller

»*Im Hafen*« hab' ich diesen letzten Abschnitt betitelt. Es war aber nur ein »Nothafen« (und auch das kaum), wie gleich hier vornweg bemerkt sein mag.

Fünfviertel Jahre verblieb ich in Bethanien. Als es damit auf die Neige ging, trat ernsthafter denn je zuvor die Frage an mich heran: »Ja, was nun?« Ich war all die Zeit über in jedem Anbetracht derart verwöhnt worden, daß mir Stellungen »wieder draußen in der Welt« unmöglich behagen konnten, und zwar um so weniger, als ich das notorisch Beste davon, also Stellungen wie in Dresden und Leipzig, schon längst vorweg hatte. Was also tun? In einen elenden Durchschnittskasten mit schlechter Luft und schlechtem Bett wieder hineinzukriechen, bei Tisch ein zähes Stück Fleisch herunterzukauen und den Tag über allerlei Kompaniechirurgenwitze – die's damals noch gab – mit anhören zu müssen, all das hatte was geradezu Schaudervolles für mich, und nach ernstlichstem Erwägen kam ich endlich zu dem Schluß: es sei das beste für mich, den ganzen Kram an den Nagel zu hängen und mich, *auf jede Gefahr* hin, auf die eignen zwei Beine zu stellen. Auf jede Gefahr hin! Daß eine solche da sei, darüber war mir kein Zweifel, ja, diese Gefahr stand mir so klar, so deutlich vor der Seele, daß ich mich davor gehütet haben würde, wenn irgendwie für mich ein Ende dieses immer langweiliger werdenden Umherfechtens abzusehen gewesen wäre. Das war aber nicht der Fall. Ohne jede Schwarzseherei mußt' ich mir vielmehr das Umgekehrte sagen, und so war denn der Entschluß berechtigt: »Gib es auf; schlechter kann es nicht werden.« Nicht Leichtsinn oder Großmannssucht war für mich das Bestimmende, sondern einfach Zwang und Drang der Verhältnisse, nüchternstes Erwägen, und so nahm ich denn meine sieben Sachen und übersiedelte nach einer in der Luisenstraße gemieteten, an einer hervorragend prosaischen Stelle gelegenen Wohnung, dicht neben mir die Charité, gegenüber die Tierarzneischule. Mein Dreitreppenhochzimmer hatte natürlich jenes bekannte Seegrassofa, dessen schwarzgeblümter und außerdem stachlicher Wollstoff nur deshalb nicht mehr stach, weil schon so viele drauf gelegen hatten. Die Wirtin war ein Mustertyp der damaligen Berliner Philöse: blaß, kränklich, schmuddlig und verhungert. Über mir, auf dem Boden, war noch eine Mansardenstube, drin ganz arme Leute wohnten, die, wenn ich arbeiten wollte, gerade ihr Holz spellten, um aus einem Scheit ein Dutzend zu machen. Es waren aber gute Menschen, denn als ich ihnen sagte, »das Holzspellen führe mir immer so in den Kopf«, ließen sie's, ein Fall, den ich, als einzig dastehend in meinen Berliner Mietserfahrungen, hier doch notieren muß. Der richtige Berliner klopft dann erst recht. »Was *der* sich einbildet ...«

Luisenstraße, gegenüber der Tierarzneischule – da hab' ich ein Jahr zugebracht, das erste Jahr in meiner neuen Schriftstellerlaufbahn. Und wenn ich dann bedenke, wie bang und sorgenvoll ich mich am ersten Tag in die Seegrassofaecke hineindrückte, so muß ich das in dieser elenden Chambre garnie verbrachte Jahr ein vergleichsweise glückliches nennen. Ich war sehr fleißig und schlug mich durch. Wie? weiß ich nicht mehr recht. Denn was ich einnahm, war begreiflicherweise sehr gering, weil ich davon nicht ablassen wollte, mein literarisches Leben auf den »Vers« zu stellen. Ein Entschluß, der übrigens schließlich, und zwar um vieles mehr, als ich damals vermutete, das Richtige traf. Ich sagte mir: »Wenn du jetzt ein Gedicht machst, das dir nichts einbringt, so hast du wenigstens ein Gedicht. Das Gedicht ist dein Besitz, und wenn es nur leidlich gut ist, kann es immerhin für etwas gelten. Wenn du aber einen Aufsatz schreibst, den niemand haben will – und die Chancen des ›Nicht-haben-Wollens‹ sind immer sehr groß –, so hast du rein gar nichts. Prosa darfst du nur schreiben, wenn sie von durchaus zahlungskräftigen Leuten von dir *gefordert* wird.« Dies letztere traf nun freilich selten ein, aber es kam doch vor, und die Verse, von denen ich glücklicherweise manches auf Lager hatte, trugen mir mehr ein, als man von einer Zeit, in der die sogenannten »hohen Honorare« noch nicht erfunden waren, hätte vermuten sollen. Ich war in jenen Tagen in Beziehungen zur Firma Cotta getreten, in deren »Morgenblatt« meine Gedichte vom Alten Derfflinger, dem Alten Zieten usw. und bald darnach auch meine Romanzen »Von der schönen Rosamunde« veröffentlicht worden waren, und als sich um ein geringes später ein paar mutige Männer fanden, die nicht bloß diese vorgenannten Sachen, sondern auch noch andre kleine Dichtungen als Buch herauszugeben gedachten, war ich obenauf, besuchte meine damals in Schlesien im Kreise von Verwandten lebende Braut, überreichte ihr das ihr gewidmete Buch und versicherte ihr, »die schönen Tage von Aranjuez seien nicht wie gewöhnlich vorüber, sondern brächen jetzt an.« Ein ungläubiges Lächeln störte mich nicht, und ich kehrte guter Dinge nach Berlin zurück. Es ging hier auch alles zu meiner leidlichen Zufriedenheit weiter, bis der unglückliche Ausgang der Schlacht bei Idstedt mich mit einemmal aus meinem stillen und relativ glücklichen Tun und Treiben herausriß. Ich erinnere mich keines anderen Außenereignisses, das mich *so* getroffen hätte; ich war wie aus dem Häuschen. In einem richtigen politischen Instinkt hatte ich die Herzogtümerfrage, solange sie »Frage« war, in ihrer ganz besonderen Wichtigkeit erkannt; all die Katzbalgereien in Deutschland, offen gestanden selbst die Schicksale des Frankfurter Parlaments, hatten mich vergleichsweise kalt gelassen, aber für Schleswig-Holstein war ich vom ersten Augenblick an Feuer und Flamme gewesen und hatte die preußische Politik, die dies alles in einer unglaublichen Verblendung auf den traurigen »Revolutionsleisten« bringen wollte, tief beklagt. Mein ganzes Herz war mit den Freischaren, mit »von der Tann« und Bonin, und als dann später General Willisen an die Spitze der schleswig-holsteinischen Armee trat, übertrug ich mein Vertrauen auch auf diesen; die Deutschen mußten siegen. Und nun Idstedt! Ich war ganz niedergeschmettert, und etliche Tage danach befand ich mich auf dem Wege nach Kiel, um in eins der regelrechten Bataillone einzutreten. Aber es war anders

55

beschlossen, wie ich schon in einem früheren Kapitel erzählt habe. Gleich nach meinem Eintreffen in Altona, wo ich Station gemacht und im Hause eines kleinen holsteinschen Schulmeisters Quartier genommen hatte, traf mich ein mir aus Berlin nachgeschickter Brief mit Amtssiegel. Solche großgesiegelte Schriftstücke haben immer etwas Ängstliches für mich gehabt, und ich überlegte, was ich verbrochen haben könnte. Zuletzt aber half kein Zögern, und ich erbrach das Schreiben. Es enthielt die Mitteilung seitens meines väterlichen Freundes und Gönners W. von Merckel, daß ich im sogenannten »Literarischen Bureau« des Ministeriums des Innern eine diätarische Anstellung gefunden hätte. Das war eine große Sache. Der Mensch bleibt ein Egoist. Idstedt hatte mich aufrichtig erschüttert, und das Schicksal der beiden »ungedeelten« lag mir nicht bloß redensartlich am Herzen; aber in diesem Augenblick siegte doch das Ich über das Allgemeine. Zwei Briefe schrieb ich noch in selber Stunde, von denen der eine an W. von Merckel gerichtete dankbarst akzeptierte, während der andre im Telegrammstil lautete: »Schleswig-Holstein aufgegeben. Wenn dir's paßt, im Oktober Hochzeit.«

Zweites Kapitel - Hochzeit

Diese lapidare Mitteilung, der selbstverständlich Näheres auf dem Fuße folgte, ging nach Liegnitz. In der Antwort meiner Braut hieß es: »Also Oktober! Alle Verwandten, wie du dir denken kannst, haben lange Gesichter gemacht; aber niemand hat zu widersprechen oder auch nur abzuraten gewagt.« Hinzugefügt war seitens meiner Braut, daß sie demnächst nach Berlin kommen, eine Wohnung mieten und unsren »Trousseau« beschaffen werde.

Das geschah denn auch, und wir fanden alsbald eine Wohnung in der Puttkamerstraße.

Der 16. Oktober wurde von uns als Hochzeitstag angesetzt – es sei zwar ein Schlachttag, aber doch mit schließlichem Sieg –, und als wir nah an diesen Tag heran waren, gingen wir zu Konsistorialrat Fournier, meinem alten Gönner aus Konfirmandentagen her, mit der Bitte, uns trauen zu wollen. Wir fürchteten uns ein wenig vor diesem Gange, weil er nicht bloß ein Mann von sehr vornehmen Allüren, sondern auch von sehr praktisch nüchternem Verstande war, der als solcher sehr wahrscheinlich allerlei Bedenken, vielleicht sogar Mißbilligung äußern würde. Meine Braut, die er noch nicht kannte, machte aber ganz sichtlich einen überaus günstigen, beinah heitren und wie zur Schelmerei stimmenden Eindruck auf ihn, so daß er uns sofort in sein Herz schloß und, statt uns herabzudrücken, uns erhob und ermutigte. Diese vom ersten Tag an uns erzeigte Liebe hat er uns bis an seinen Tod bewahrt, so daß wir, zwanzig Jahre später, den zur Notorität gelangten und seinerzeit so viel besprochenen Fournier-Streitfall schmerzlich beklagten, eine Sache, die bestimmt war, diesem trotz mancher Eigenheiten – und zum Teil um derselben willen – sehr ausgezeichneten Mann die letzten Lebensjahre zu vergällen.

56

Er trat aus seinem Amte zurück. Ich gedenke noch seiner Abschiedspredigt, in der er, vor seiner ihn verehrenden Gemeinde, seinen Prozeß und seine Verurteilung leise berührte. Kein Ton von Bitterkeit drang durch. Das Gericht, das ihn verurteilt hatte, konnte nicht anders sprechen als es sprach; aber alles in der Sache war doch heraufgepufft und in den Motiven verzerrt. Er war strenggläubig, aber kein Zelot und stand – oft gerade da, wo er entrüstet schien – durchaus *über* den Dingen, mehr vielleicht, als er seiner Stellung und seinem Bekenntnis nach durfte. Durch und durch »Figur«, war er noch ganz von der alten Garde, deren Reihen sich immer mehr lichten. Dem Rechtsurteil, das ihn traf, unterwarf er sich nicht nur äußerlich, sondern auch in seinem eignen Gemüte. »Es ist meine Strafe; sie trifft mich da, wo ich gefehlt.« Denn er wußte sehr wohl, daß Hochmut der Fehler seines Lebens gewesen war.

Wir hatten natürlich auch einen Polterabend, und die kleinen Räume waren ganz gefüllt, da nicht nur Verwandtschaft, sondern auch viele Tunnel-Mitglieder erschienen waren, einige davon direkt abdeputiert, um uns unter freundlicher Ansprache – Heinrich Smidt als Redner – ein hübsches und beinah wertvolles Geschenk zu überreichen. Alle Vereinsmitglieder hatten sich daran beteiligt, unter Ausschluß eines einzigen, der sich bis dahin immer an mich gedrängt und gegen den ich, als ich von seiner Ablehnung erfuhr, einen wahren Haß faßte, den ich mir auch bis diesen Tag zu meiner ganz besonderen Freude bewahrt habe. Wenn man in einem dicken Buche, noch dazu bei Mitteilungen aus dem eignen Leben, dicht am Abschluß ist, ist es vielleicht gewagt, so noch nebenher rasch eine kleine Haßorgie feiern zu wollen. Aber ich kann darauf, auch wenn es einzelnen Anstoß geben sollte, nicht verzichten, weiß ich doch, daß ich andern und sehr wahrscheinlich sogar einer Mehrheit damit aus der Seele sprechen werde. Denn *der*, um den sich's hier handelt, ist nur einer aus einer weitverzweigten Gruppe. Beinah überall da, wo sich Künstler, Musiker, Dichter zusammentun und einen Verein für ihr Vergnügen und ihre Interessen bilden, stellen sich sofort total unbefugte Personen ein, die bei völliger Unzugehörigkeit Kopf und Kragen daransetzen, in diesen Künstler- oder Dichterverein aufgenommen zu werden. In der Regel sind sie mit äußeren Glücksgütern gesegnet, und gesellen sich zu diesem ihrem Vorzug auch noch Herzensgütigkeit und frohe Laune, so kann man sie sich nicht bloß gefallen lassen, sondern wird in ihnen auch Mitglieder haben, die durch die »Förderungen«, die sie gewähren können und tatsächlich oft gewähren, dem Vereine zu Nutz und Zierde gereichen. Aber dieser gute Wille, mit dem einzigen, was sie haben, hülfreich zur Hand zu sein, ist auch ganz unerläßlich, und wenn dieser gute Wille fehlt, wenn die betreffenden Leute sich nur mit einer ihnen au fond nicht zustehenden Genossenschaftszugehörigkeit vor der Welt herumzieren, im übrigen aber auch nicht das geringste tun oder beisteuern und in ihrer weißen Halsbinde sich lediglich gerieren wollen, als ob sie schon *durch sich selbst* und ihre mehr oder weniger fragwürdige Gegenwart ein Schmuck und ein Stolz der

Gesellschaft wären, so ist das nicht bloß ein elender Geiz, sondern auch Überhebung und in den schlimmen und schlimmsten Fällen ein Etwas, das an der Grenze der Unverschämtheit liegt.

Zu dieser letzteren Gruppe gehörte der aus purem Dünkel und Übermut seinen Beitrag verweigernde Stockjobber, der sich, eitel und pfiffig, in unsern Tunnel eingedrängt hatte. Diesen Kranz auf sein Grab!

Doch zurück zu freundlicheren Bildern.

Am 15. Oktober war Polterabend gewesen, am 16. war Hochzeit. Ich habe viele hübsche Hochzeiten mitgemacht, aber keine hübschere als meine eigne. Da wir nur wenig Personen waren, etwa zwanzig, so hatten wir uns auch ein ganz kleines Hochzeitslokal ausgesucht, und zwar ein Lokal in der Bellevuestraße – schräg gegenüber dem jetzigen Wilhelmsgymnasium –, das »Bei Georges« hieß und sich wegen seiner »Spargel und Kalbkoteletts« bei dem vormärzlichen Berliner eines großen Ansehns erfreute. Dem Gastmahl voraus ging natürlich die Trauung, die zu zwei Uhr in der Fournierschen Kirche, Klosterstraße, festgesetzt worden war. Alles hatte sich rechtzeitig in der Sakristei versammelt, nur mein Vater fehlte noch und kam auch wirklich um eine halbe Stunde zu spät. Wir waren, um Fourniers willen, in einer tödlichen Verlegenheit. Er aber, ganz feiner Mann, blieb durchaus ruhig und heiter und sagte nur zu meiner Braut: »Es ist vielleicht von Vorbedeutung – *Sie sollen warten lernen.*«

Und nun waren wir getraut und fuhren in unsrer Kutsche zu »Georges«, wo in einem kleinen Hintersaal, der den Blick auf einen Garten hatte, gedeckt war. Eine Balkontür stand auf, denn es war ein wunderschöner Tag. Draußen flogen noch die Vögel hin und her, aber es waren wohl bloß Sperlinge.

Das Arrangement hatten wir Wilhelm Spreetz überlassen. Wilhelm Spreetz, ein behäbiger Herr von Mitte Dreißig, war Oberkellner im Café national hinter der Katholischen Kirche, *dem* Lokal also, drin wir seit einer ganzen Reihe von Jahren unsre Tunnel-Sitzungen hatten. Bei diesen Sitzungen uns zu bedienen war der Stolz unsres literarisch etwas angekränkelten Wilhelm Spreetz, und als er davon hörte, daß ich Hochzeit machen wollte, bat er darum, dabei sein und, soweit das in einem fremden Lokale möglich, alles leiten zu dürfen. Eine Bitte, die ich, schon weil ich an die Macht freundlicher Hände glaube, mit tausend Freuden erfüllte.

Bei Tische, zu meinem Leidwesen, fehlte Fournier, was wohl damit zusammenhing, daß er von der mutmaßlichen Anwesenheit meines bethanischen Freundes Pastor Schultz gehört hatte. Beide paßten eigentlich vorzüglich zusammen, waren aber, der eine wie der andere, sehr harte Steine: Fournier ganz Genferischer, Schultz ganz Wittenbergischer Papst. Und so räumte denn Genf, klug und vornehm wie immer, das Feld.

Auf dem Tisch hin standen natürlich auch Blumen; aber was mir noch lieber war, auch schon bloß um des Anblicks willen, das waren die Menschen, die die Tafel entlang saßen. Ich bin sehr für hübsche Gesichter, und fast alle waren hübsch, darunter viele südfranzösische Rasseköpfe. Doch verblieb der schließliche Sieg, wie das zum 16. Oktober auch paßte, dem Deutschtum. Unter den Gästen waren nämlich auch Eggers und Heyse, deren Profile für Ideale galten und dafür auch gelten durften.

Schultz brachte sehr reizend den Toast auf das Brautpaar aus, und was das Reizendste für mich war, war, daß ein Bräutigam nicht zu antworten braucht. Ich beschränkte mich auf Kuß und Händedruck und aß ruhig und ausgiebig weiter, was, wie ich gern glaube, einen ziemlich prosaischen Eindruck gemacht haben soll. Als mir Schultz eine Weile schmunzelnd zugesehen hatte, sagte er zu meiner Frau: »Liebe Emilie, wenn *der* so fortfährt, so wird seine Verpflegung Ihnen allerhand Schwierigkeiten machen.«

Diese Schwierigkeiten waren denn auch bald da: schon nach anderthalb Monaten flog meine ganze wirtschaftliche Grundlage, das »Literarische Bureau«, in die Luft.

Ich hatte, wie schon angedeutet, geglaubt, im Hafen zu sein, und war nun wieder auf stürmischer See.